Gustav Keller / Karlo Hafner

Soziales Lernen will gelernt sein

Lehrer fördern Sozialverhalten

Auer Verlag GmbH

Gedruckt auf umweltbewusst gefertigtem, chlorfrei gebleichtem
und alterungsbeständigem Papier.

1. Auflage. 1999
Nach der Neuregelung der deutschen Rechtschreibung
© by Auer Verlag GmbH, Donauwörth 1999
Alle Rechte vorbehalten
Gesamtherstellung: Ludwig Auer GmbH, Donauwörth
ISBN 3-403-03199-3

Inhaltsverzeichnis

1. Einleitung

„Die Jugend achtet das Alter nicht mehr, zeigt bewusst ein ungepflegtes Aussehen, sinnt auf Umsturz, zeigt keine Lernbereitschaft und ist ablehnend gegen übernommene Werte."

Altägyptische Aufzeichnung (vor ca. 3500 Jahren)

„Sie scheinen jetzt das Wohlleben zu lieben, haben schlechte Manieren und verachten die Autorität, sind Erwachsenen gegenüber respektlos und verbringen ihre Zeit damit, herumzulungern und miteinander zu plaudern."

Sokrates (vor ca. 2400 Jahren)

„Sie haben keine Lust zu lernen, kein Ehrgefühl, keinen Gehorsam. Wahrlich ein Kamel tanzen oder einen Esel das Lautenschlagen lehren wäre erträglichere Mühe."

Melanchthon (1526)

„Der ausgelassene Mutwillen und Unfug, welchen die Knaben besonders nach den Schulstunden verüben, hat bisher den allgemeinen Unwillen erregt und die lautesten Beschwerden veranlasst. Ihr Herumlaufen, Schreien und Lärmen, hauptsächlich auch das Werfen mit Steinen, womit sie sich und andere beschädigen, oder wenn sie in ganzen Haufen gegeneinander losgehen, sind ihre gewöhnlichsten Unarten, die schon lange jedermann zur größten Belästigung und Ärgernis gereicht haben."

Das Frankfurter Polizeiamt (1816)

„Die heutigen Kinder sind ganz offensichtlich die Kinder ihrer Zeit und ihrer Umwelt, sie sind ihr entlarvendster Spiegel. Sie sind nicht nur nervös, ungeordnet …, vitalgestört – sie terrorisieren einander, sie streiten sich untereinander, sie vandalisieren das Gemeingut, sie sind weitgehend unfähig, anderen und sich selbst Freude zu bereiten, sie scheinen unfähig, tiefere und anhaltende Beziehungen zu Menschen oder Sachen einzugehen, ihre Sprache ist arm und im doppelten Sinne des Wortes barbarisch und sie müssen ununterbrochen schreien."

Hartmut von Hentig (1975)

„Noch nie war es für Eltern und Lehrer so schwierig, aus Kindern Erwachsene zu machen."

Der Spiegel (9/1995)

Der Mensch kommt als egoistisches Wesen auf die Welt. Um zu einem gemeinschaftsfähigen Erwachsenen zu werden, bedarf er des sozialen Lernens. Der Weg dorthin, so die obigen Zitate, scheint schon immer schwierig gewesen zu sein. Bei der Überwindung solcher Entwicklungsschwierigkeiten war in der Vergangenheit sicherlich hilfreich, dass die Heranwachsenden häufiger und klarer allgemein verbindliche Normmuster verdeutlicht und vermittelt bekamen. Allerdings war das Wertesystem starr und engstirnig, was letztlich zu den antiautoritären Bewegungen der sechziger Jahre führte. Heutzutage haben wir es mit einem flexibleren Wertesystem zu tun, das aber zu sehr als Angebot und zu wenig als verpflichtend erlebt wird. In der wertpluralen Gesellschaft ist die sozialmoralische Entwicklung der Kinder und Jugendlichen wesentlich schwieriger geworden. Es gibt wenig Konsens über den zwischenmenschlichen Umgang und hilfreiche soziale Ordnungen. Dabei ist zu beobachten, dass die Wertorientierungen der Eltern von denen der Schule oft abweichen.

Dieser Wandel im Wertesystem ist an sozialen Verhaltensstörungen, angefangen vom Egoismusfieber bis hin zur Aggression, ursächlich mitbeteiligt. Soziale Wert- und Verhaltensdefizite wirken sich aber nicht nur unmittelbar im Umgang aus, sondern gefährden auch die Entwicklung sozialer Schlüsselqualifikationen wie zum Beispiel der Teamkompetenz, die in circa 70–80% der Berufe notwendig ist.

Wenn das Sozialverhalten der Heranwachsenden weiter verkümmert, ist dies schließlich für das gesellschaftliche Zusammenleben von Schaden. Die in den letzten Jahrzehnten eingetretene soziale Verdichtung und Ballung erfordert ein duldsames und tolerantes Sozialverhalten.

Angesichts zunehmender Fehlentwicklungen wird der Ruf nach einer Verstärkung der familiären und schulischen Sozialerziehung lauter. Die Stimmen, die meinen, man solle Kindern möglichst viel Autonomie bei ihrer Sozialentwicklung gewähren, werden leiser. Die Einsicht wächst, dass auf den Lernprozess gezielter eingewirkt werden muss. Allerdings mangelt es an einem pädagogischen Konzept, an dem sich Schule und Elternhaus im Erziehungsalltag orientieren können.

Wir möchten mit dem vorliegenden Lernprogramm, das auf unseren schulpsychologischen und schulpädagogischen Erfahrungen und Erprobungen basiert, den Versuch unternehmen, Anregungen und Anleitungen zu geben. Durch gezielte Sozialerziehung ist es möglich, einer Vielzahl von Kindern und Jugendlichen zu einem positiven Sozialverhalten zu verhelfen. Uns ist klar, dass es trotz dieser Förderbemühungen weiterhin Fehlentwicklungen geben wird. Dies liegt an unserer Natur, an unserer Psyche und an strukturellen Schwächen.

2. Grundinformationen zum sozialen Lernen

2.1 Definition und Ziele des sozialen Lernens

> „Lernen, miteinander besser umzugehen. Sich einander besser verstehen. Zuhören, was der andere meint. Diskutieren, ohne dabei zu streiten. Einander helfen, wenn man in Not ist."
>
> *Ein Schüler*

Soziales Lernen resultiert zum einen aus der absichtlichen, gezielten Förderung des Sozialverhaltens durch die Erziehung (Sozialerziehung), zum anderen aber auch aus dem täglichen Beobachtungs- und Nachahmungslernen. Man versteht darunter

- die Aneignung sozialer Verhaltensweisen und Fertigkeiten,
- die Bildung sozialer Einstellungen und Werthaltungen,
- die Übernahme sozialer Rollen.

Der Begriff des sozialen Lernens ist an die Stelle des älteren Begriffes „Sozialerziehung" getreten, der von Hermann Nohl stammt. Ursprünglich verstand man darunter die Erziehung des Menschen zur Gemeinschaft durch die Gemeinschaft.

Es ist schwierig, die Ziele und Inhalte des sozialen Lernens zu operationalisieren, weil die Auffassungen über gutes und schlechtes Sozialverhalten sehr unterschiedlich sind. Das allgemeine Ziel ist sicherlich die Gemeinschaftsfähigkeit. Darüber hinaus lassen sich Einzelziele formulieren:

- Hilfsbereitschaft: anderen helfen, mit anderen etwas teilen, anderen etwas schenken, sich für einen anderen einsetzen, füreinander einstehen;
- Friedfertigkeit: die Würde des Mitmenschen respektieren, das Recht des Mitmenschen auf körperliche und seelische Unversehrtheit anerkennen;
- Kooperationsfähigkeit: mit anderen zusammenarbeiten, mit anderen spielen, Vorhaben gemeinsam planen und durchführen, Konkurrenzgefühle und Neid überwinden;
- Selbstbeherrschung: Gefühle differenziert äußern, Gefühle ohne Zorn äußern, Ärger bewältigen, Bedürfnisspannungen aushalten;
- soziale Sensibilität: sich in andere einfühlen (Empathie), Mitgefühl zeigen, Rücksicht nehmen, Anteil nehmen;

- Selbstbehauptung: sich angemessen behaupten, sich beschweren, sich für seine Rechte einsetzen, mit Gruppendruck umgehen;
- Konfliktfähigkeit: positiv streiten, Kritik konstruktiv äußern, Streit schlichten, Kompromisse eingehen, verhandeln;
- Kommunikationsfähigkeit: verständlich reden, aktiv zuhören, Ich-Botschaften senden, Rückmeldung geben und annehmen, fragen, Bitten äußern;
- Toleranz: eigene Vorurteile erkennen und abbauen, die Verschiedenartigkeit der Menschen respektieren;
- Verantwortungsbewusstsein: Aufgaben und Pflichten übernehmen, Lebensrollen erproben;
- Höflichkeit: grüßen, danke sagen, um Erlaubnis fragen, sich entschuldigen;

Petillon (1993) hat Grundschullehrpläne auf die Frage hin untersucht, ob in ihnen solche sozialen Lernziele repräsentiert sind. Sein Fazit ist, dass überall soziale Lernziele erwähnt werden, aber in einer allgemeinen, unsystematischen und unverbindlichen Form, ohne konkrete Hinweise zur Realisierung im Schulalltag. Letzteres Manko wurde in einer parallel durchgeführten Lehrerbefragung bestätigt. 80% der Lehrer vermissen praktisch-pädagogische Hilfen zur Umsetzung der sozialen Lernziele. Außerdem kommt in den Antworten der Lehrer klar zum Ausdruck, dass Sozialerziehung nur erfolgreich sein kann, wenn das Elternhaus sich daran intensiv beteiligt.

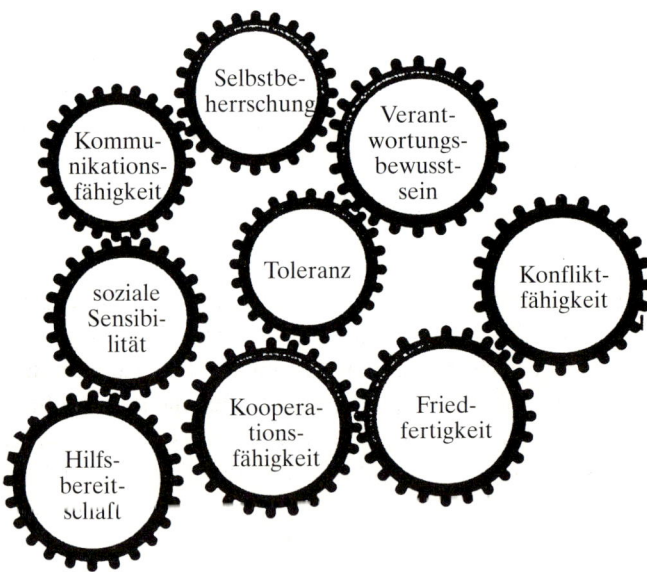

2.2 Orte des sozialen Lernens

> „Der Mensch wird zum Menschen nur in der Beziehung zum Mitmen-
> schen."
>
> *Martin Buber*

Der Mensch ist ein soziales Wesen, das seine sozialen Denk- und Verhaltensmuster im Kontext menschlicher Gruppen, Organisationen und Institutionen erwirbt. Dieser Prozess wird als Sozialisation bezeichnet. Man
unterscheidet zwischen der primären Sozialisation in der Familie und der
sekundären im weiteren sozialen Umfeld (z. B. Freundeskreis, Schule,
Medien). Ohne Sozialisation würde der Mensch auf der Kaspar-Hauser-
Stufe stehen bleiben.

Familie:

Die Familie von heute ist meist eine Kleinfamilie, die aus den Eltern und
ihren noch nicht erwachsenen Kindern besteht. Ihre fundamentale Aufgabe ist die Versorgung, Betreuung und Erziehung der Kinder. Derzeit
gibt es in Deutschland 9,5 Mio. Familien, in denen 15,6 Mio. Kinder und
Jugendliche bis 18 Jahre leben. 52% der Kinder wachsen als Einzelkinder
auf. 1,2 Mio. Familien sind Alleinerzieher-Familien. Wie den aktuellen
Jugendstudien zu entnehmen ist, schreiben mehr als vier Fünftel der Heranwachsenden der Familie den stärksten Einfluss auf das Sozialverhalten
und die Wertorientierungen zu. Unter den wichtigen Bezugspersonen
steht die Mutter eindeutig an erster Stelle, an zweiter Stelle wird der
gleichaltrige Freund genannt und erst auf Platz 3 rangiert der Vater (vgl.
Silbereisen/Vaskovics/Zinnecker 1996, S. 307).

Schule:

Die Schule ist eine wichtige gesellschaftliche Einrichtung. Sie ergänzt die familiäre Erziehung und vermittelt Kindern und Jugendlichen Wissen und Fertigkeiten. Ein Schüler verbringt durchschnittlich 15 000 Stunden in der Schule.
80% verlassen erst mit 19 Jahren die Schule. Für die meisten Schüler ist die
Schule ein wichtiger sozialer Begegnungsort. Freundschaften entstehen heutzutage am häufigsten in der Schule. Das Zusammensein mit Gleichaltrigen
zählt für Schüler zu den angenehmsten Merkmalen der Schule (vgl. Bohn-
sack/Leber 1996, S. 28). Auf dem Schulweg, im Schulhof und im Schulhaus
lernt der Schüler ein breites Spektrum sozialer Verhaltensmuster kennen.

Medien:

Medien, also Mittel der Informationsübertragung, gehören zur Normalität unseres Alltags. Sie sind unser Fenster zur Welt. Kinder und Jugendliche wachsen nicht nur mit den Menschen auf, sondern auch mit den von ihnen geschaffenen Medien. Sie sehen fern, hören Radio, Kassetten und CDs, informieren sich und spielen am Computer, lesen Comics und andere Zeitschriften. Medien erzeugen Spaß, vertreiben die Langeweile, machen wissend und präsentieren unzählige positive und negative Verhaltensmuster, insbesondere in Fernseh- und Videofilmen.

Der Schüler liebstes Medium ist der Fernseher, manche bezeichnen ihn als den „besten Freund". Schon mehr als ein Drittel der Neun- bis Zehnjährigen hat einen eigenen Fernsehapparat im Kinderzimmer stehen. Die durchschnittliche tägliche Fernsehzeit der Heranwachsenden liegt bei 112 Minuten (vgl. van Eimeren/Maier-Lesch 1997, S. 595). Die gesamte Schülerschaft lässt sich in Vielseher, Durchschnittsseher und Wenigseher einteilen. Vielseher, die bevorzugt gewalthaltige Filme konsumieren, sind aggressiver als andere Kinder (vgl. Mussen u.a. 1993, S. 195). Hierzu haben sie reichlich Gelegenheit, denn täglich ereignen sich auf den verschiedenen Kanälen der öffentlichen und privaten Fernsehsender durchschnittlich 70 Morde. Würde man alle Gewaltszenen einer Fernsehwoche aneinanderreihen, entstünde ein Film von 25 Stunden Länge.

Freundeskreis:

Etwa drei Viertel der Schüler treffen sich regelmäßig oder öfter außerhalb der Schule in einer Clique, etwa ein Viertel ist kontaktarm und lebt in einer sozialen Inselsituation (vgl. Silbereisen/Vaskovicz/Zinnecker 1996, S. 304). Im Pubertätsalter verbringen Jugendliche durchschnittlich mehr Zeit mit Gleichaltrigen als mit Erwachsenen (einschließlich der Eltern). Gleichaltrigengruppen helfen Kindern und Jugendlichen sich von den Eltern emotional zu lösen und eine eigene Identität zu entwickeln. Sie bieten auch Gelegenheit angstfrei neue Verhaltensweisen auszuprobieren und sie fördern auch die seelische Entlastung. Andererseits kann sie auch negative Einflüsse erzeugen. Gerät ein Jugendlicher unter die Einflussmacht einer Clique, macht er gelegentlich Dinge, die er ohne diesen Gruppenzwang normalerweise nicht tun würde.

Subkultur:

Freundeskreise sind häufig mit größeren jugendlichen Bezugsgruppen verwoben, deren Einstellungen, Lebensstile und Verhaltensweisen von der gängigen Erwachsenenkultur abweichen beziehungsweise in Konflikt geraten können. Viele Subkulturen kommen und gehen relativ rasch. Sie erzeugen Aufmerksamkeit, Protest, neue Lebensgefühle, Wir-Gefühle und Geborgenheit. An Beispielen sind zu nennen: Fußballfans, Hooligans, Raver, Punks, Popper, Hip-Hoper, Hard Rocker, Skater. Ähnlich wie die einzelne Clique kann die Subkultur den einzelnen Jugendlichen zur Übernahme negativer Einstellungen und Verhaltensweisen zwingen.

Kirche:

Kirchen gehören zu jenen gesellschaftlichen Einrichtungen, die durch ihre religiösen Praktiken und über den Religionsunterricht auf die sozialmoralische Entwicklung von Kindern und Jugendlichen Einfluss nehmen. Im Zuge der Verweltlichung der Gesellschaft ist der Einfluss der Kirchen in stärkerem Maße zurückgegangen. Nur etwa ein Fünftel der Jugendlichen gab in der Shell-Jugendstudie 1992 an, in den letzten vier Wochen die Kirche besucht zu haben, nur 46% bekannten sich zu einem Glauben an ein Weiterleben nach dem Tod. Daraus ist zu schließen, dass die Chance einer Beteiligung an der sozialmoralischen Erziehung weniger in den traditionellen Formen der Religionsgemeinschaften liegt, sondern eher im Religionsunterricht, da er mehr Kinder und Jugendliche erreicht.

Vereine:

Vereine sind Vereinigungen, zu denen sich Erwachsene und Jugendliche zu einem gemeinsamen Zweck zusammenschließen. Von den heranwachsenden Deutschen gehören etwa 40% Vereinen und Organisationen an. Die Mitgliedschaft weist folgende Struktur auf (Mehrfachnennungen): Sportverein/Fitnessclubs 51%, Musik und Gesangverein 17%, kirchliche Jugendgruppe 16%, religiös orientierte Gruppe 6%, sozial-/umweltorientierter Verein 6%, Laienspielgruppe 4%, Pfadfinder 2%, politische Partei 1% (vgl. van Eimeren/Maier-Lesch 1997). Der Verein fördert geselliges Verhalten und bietet Kindern und Jugendlichen Gelegenheit zum Erlernen von kooperativen Fertigkeiten, sei es in einem Jugendorchester oder in einer Sportmannschaft.

Auf die Frage, ob die Moral von sozialen Instanzen vorgegeben werden soll oder sie jeder für sich selbst bestimmen soll, antworteten 74% der jugendlichen Interviewpartner in der SPIEGEL-EMNID-Sudie 1995 mit „selbst" und 26% mit „vorgegeben". In der gleichen Untersuchung mussten die befragten Jugendlichen auch einschätzen, welche äußere Instanz sie bisher am meisten beeinflusst hatte. Die Eltern (83%) und die Schule (41%) standen auf den ersten beiden Plätzen. Die Kirche kam in der aus Jugendlichen und jungen Erwachsenen bestehenden Gesamtstichprobe auf 30%, bei den bis 19-Jährigen auf lediglich 16%.

2.3 Formen des sozialen Lernens

„Nichts wirkt so rasch wie Gift.
Der Mensch und sei er noch so minderjährig
ist was die Laster dieser Welt betrifft
früh bei der Hand und unerhört gelehrig."
Erich Kästner

Die Prozesse des sozialen Lernens vollziehen sich in unterschiedlichen Formen. Das Spektrum reicht von geistigen Aneignungen über emotionale Lernweisen bis hin zum praktischen Üben von einzelnen Fertigkeiten. Alle nachstehenden Lernformen tragen dazu bei, dass aus Kindern sozial eingestellte, sozial fühlende und sozial handelnde Erwachsene werden.

Nachahmung:

Nach Bandura (1979) werden komplexere Verhaltensweisen nicht durch schrittweise Verstärkung, sondern durch Nachahmung von Modellen im sozialen Kontakt übernommen. Er hat dies am Beispiel des Erlernens von aggressivem Verhalten in experimentellen Studien mit Kindern nachgewiesen. Der Prozess des Modelllernens umfasst nach Bandura vier Phasen. In der ersten Phase (= Aufmerksamkeitszuwendung) muss das Modell in das Wahrnehmungsfeld des Lernenden gelangen. In der zweiten Phase (= Behaltensphase) wird das Modellverhalten gespeichert, und zwar bildlich und verbal. In der dritten Phase (= Reproduktionsphase) erprobt der Lernende das gespeicherte Verhalten praktisch. In der vierten Phase (= Motivationsphase) wird nun bewertet, ob sich eine Wiederholung lohnt oder nicht. Waren die beim Modell beobachteten und die selbst erlebten Folgen positiv, so ist die Wahrscheinlichkeit groß, dass das modellierte Verhalten übernommen wird. Auf diese Art und Weise übernehmen Lernende nicht nur Handlungen, sondern auch Meinungen, Einstellungen und Überzeugungen.

Identifikation:

Mit Identifikation ist aus psychoanalytischer Sicht die unbewusste Gleichsetzung einer Person mit einer anderen Person gemeint. Letztere wird somit zu einem unbewussten Vorbild für das Denken, Fühlen und Verhalten der Ersten. Durch die Identifikation entsteht nach Freud im Verlauf der kindlichen Entwicklung das Über-Ich. Im Gefolge der Identifikation verinnerlichen sich in dieser Gewissensinstanz die Normen und Wertvorstellungen. Kinder identifizieren sich mit ihren nächsten Bezugspersonen aus emotionaler Bindung, Liebe und Bewunderung. Erste Identifikationsobjekte sind die Eltern, später können andere Bezugspersonen (z. B. Lehrer) oder Idole an ihre Stellen treten.

Es gibt Kinder, die auf Grund traumatischer Ereignisse wie Ablehnung, Misshandlung, Missbrauch oder Verstoßung kein Identifikationsstreben entwickeln. Folge dieser Beeinträchtigung ist dann, dass sich kein oder nur ein rudimentäres Über-Ich entwickelt und somit soziale Verhaltensstörungen entstehen.

Appell:

Unter Appellieren versteht man die Anmahnung eines Positivverhaltens oder die Aufforderung, ein Negativverhalten zu beenden. Es handelt sich um das häufigste soziale Steuerungsmittel, allerdings mit der Gefahr, dass Schüler als Folge der zu häufigen Verwendung dieses Mittels eine „Appellallergie" entwickeln. Je präziser und konkreter ein Appell formuliert wird, desto wirksamer ist er. Im Appell muss das Zielverhalten verdeutlicht werden. Wichtig ist es, den sprachlichen Appell durch körpersprachliche Signale zu verdeutlichen (Stimme, Blick, Mimik, Gestik, Distanz, Körperstellung).

Lob:

In der psychologischen Fachsprache wird Lob auch als positive Verstärkung bezeichnet. Sein Einsatz entspricht dem Anerkennungsbedürfnis, das jedem Menschen innewohnt. Lob motiviert den Menschen zur Wiederholung des anerkannten Verhaltens. Aus Alltagsstudien ist bekannt, dass dieses wirksame Mittel der Sozialerziehung wesentlich seltener als Tadel angewendet wird. Das Verhältnis von Lob zu Tadel/Kritik beträgt 30 % zu 70 %.

Beim Loben sollten ein paar Grundregeln beachtet werden. Erstens sollte das Lob dem gezeigten Verhalten angemessen sein. Ist dies nicht der Fall, reagieren vor allem Jugendliche eher negativ. Zweitens sollte es ehrlich gemeint sein. Ist dem nicht so, sollte man lieber darauf verzichten. Drittens sollte das Lob möglichst kontingent, also im Anschluss an das positive Verhalten ausgesprochen werden. Viertens sollte nicht bei jeder Gelegenheit gelobt werden, sondern in Intervallen, weil sonst ein Lorbeereffekt entstehen könnte. Fünftens sollte nicht pauschal gelobt werden, sondern in der Botschaft das am Verhalten Lobenswerte konkret zum Ausdruck gebracht werden.

Grenzziehung/Strafe:

Viele Schüler haben ein unfertiges, außengesteuertes Regelbewusstsein. Im Falle von Regelverletzungen brauchen sie Warnsignale und kritische Rückmeldungen. Im ersten Stadium einer Störung kann die Grenzziehung noch mit einem Verständnis für das Fehlverhalten gekoppelt sein. Im zweiten sollte eine Konsequenz angedroht werden.

Bei wiederholten oder gravierenden Normverletzungen kommt man um eine Strafe nicht herum. Sie sollte dem Fehlverhalten möglichst unmittelbar folgen, ihm angemessen sein, eine Begründung enthalten und das Ehrgefühl des Schülers nicht verletzen. Nach Möglichkeit sollte von produktiven Sanktionen wie Wiedergutmachung, Täter-Opfer-Ausgleich, Verrichtung gemeinnütziger Aufgaben, Reflexionsaufgaben oder Entzug von Annehmlichkeiten Gebrauch gemacht werden.

Den Ergebnissen einer umfangreichen Studie, in der Eltern und Jugendliche befragt wurden, ist zu entnehmen, dass die Strafe in den Familien immer noch ein häufig angewandtes Erziehungsmittel ist, und zwar sowohl körperliche als auch seelische Strafen (vgl. Bussmann/Horn 1995). Nur 6,2% der Eltern kommen ohne Strafen aus; 10,6% verzichten weitestgehend auf Körperstrafen, wenden aber Verbot/Entzug beziehungsweise psychische Strafen an; 59,2% praktizieren leichte Körperstrafen, Verbote, Liebesentzug; 24% üben harte körperliche Bestrafungen aus. Die Autoren der Studie konnten auch eindeutig nachweisen, dass Kinder und Jugendliche, die zu Hause hart bestraft werden, in der Schule durch gravierend aggressives Sozialverhalten auffallen.

Unterweisung:

Unterweisung heißt gezielte Anregung und Anleitung zu einem bestimmten Verhalten. Beispielsweise, wie man sich anderen gegenüber benimmt. Sie enthält genaue sachliche und motivierende Hinweise zur Ausführung einer Handlung. Ein Erwachsener erklärt und zeigt, wie man sich sozial verhält, wie man einen Konflikt löst, wie man sich angemessen selbst behauptet. Der Heranwachsende setzt die Anweisung entweder direkt danach oder später in reales Verhalten um. Zwischen der Erklärung und der selbstständigen Ausführung im Alltag eignet sich das Rollenspiel als vermittelnde, vorbereitende und handlungsorientierte Lern- und Übungsform. Mit Hilfe des Rollenspiels wird es Kindern und Jugendlichen ermöglicht, soziale Verhaltensweisen wie Helfen, Sich-Einfühlen, Konfliktlosung, Zusammenarbeiten oder richtiges Kommunizieren zusammen mit anderen zu erproben.

Induktives Lernen:

Darunter ist zu verstehen, dass Erwachsene ausgehend von Positiv- und Negativbeispielen Kindern gegenüber begründen, warum ein Verhalten gut oder schlecht ist und welche Folgen es hervorrufen kann. Ziel dieses induktiven Vorgehens ist die Vermittlung sozialmoralischer Regeln nach dem Prinzip: vom Besonderen zum Allgemeinen. Der Ausgangspunkt solcher Lernprozesse brauchen nicht nur aktuelle Verhaltensweisen des Kindes zu sein, sondern es können auch Geschichten verwandt werden. Der Erfolg dieser Variante der Sozialerziehung ist empirisch nachgewiesen worden (vgl. Zahn-Waxler u. a. 1979).

Einsicht:

Positives Sozialverhalten kann auch durch Einsicht entstehen. Einsicht beruht nicht auf vorheriger äußerer Übung, sondern ist das Ergebnis von Verstehen und Denken. Ein Kind gelangt zur Einsicht, dass bestimmte aggressive Äußerungen kränkend wirken, wenn es sich in die Perspektive des anderen begibt. Es kommt auf Grund von Problemen in Arbeitsgruppen zum Schluss, dass eine Zusammenarbeit ohne Regeln nicht funktionieren kann. Durch das Kennenlernen von Ausländern erkennt es die Fehlerhaftigkeit von Vorurteilen. Dies sind Beispiele gelungenen sozialen Lernens. Es wäre wünschenswert, wenn möglichst viele Lernprozesse so ablaufen würden. Leider ist dem nicht so. Obwohl viele familiäre und professionelle Erzieher in den letzten Jahrzehnten mit dieser Sozialform intensiv gearbeitet haben, sind die Erfolge eher bescheiden geblieben. Es ist deshalb davon abzuraten, allein auf diesem Lernweg Sozialerziehung zu praktizieren.

2.4 Entwicklung des Sozialverhaltens

> „Wenn ich etwas Schlechtes anstellen will, dann höre ich die innere Stimme. Sie sagt: Nimm dich in Acht! Der Vater hat verboten, dass ich sein Werkzeug ... Die Stimme ist Vaters Stimme. Es ist so, als ob ich Vaters Stimme hören würde."
>
> *Ein zehnjähriger Junge* (berichtet von Hans Zulliger)

Der Weg vom egoistischen Kleinkind zum gemeinschaftsfähigen Erwachsenen ist vom Entwicklungspsychologen Lawrence Kohlberg (1996) genauer erforscht und beschrieben worden. Seine Grundannahme ist, dass sich die soziale Moral in kleinen Schritten unter dem Einfluss der Gemeinschaft und Gesellschaft entwickelt. Die erste Entwicklungsstufe nennt Kohlberg *vormoralische Stufe*. Vormoralisch deswegen, weil die Regeln des Zusammenlebens noch nicht oder nur sehr spärlich verinnerlicht sind. Wenn sich Kinder auf dieser Altersstufe sozial positiv verhalten, dann tun sie dies, um Strafen zu vermeiden oder Belohnung und Zuwendung zu erhalten. In der Zeit um den Schuleintritt beginnen die Kinder mit einer intensiveren Normverinnerlichung. Kohlberg nennt die jetzt folgende Stufe *konventionelle Stufe*. Im ersten Abschnitt dieser Stufe beachten Kinder soziale Regeln aus Liebe zu den Eltern und zu den schulischen Bezugspersonen. Das heißt, dass eine warmherzige Beziehung zwischen Kind und Erwachsenen eine unabdingbare Voraussetzung für das soziale Lernen ist.

Im weiteren Verlauf der Schulkindheit wird aus der liebesorientierten, aus Identifikationen entstandenen Moral eine wertorientierte. Konkret bedeutet dies, dass man sich jetzt wohlverhält, um der verinnerlichten Normen willen.

In der Jugendzeit und im Erwachsenenalter schreitet bei einem eher geringen Teil der Menschen die Entwicklung weiter, und zwar auf eine Stufe, die nach Kohlberg *postkonventionelle Moral* heißt. Bei dieser Form der Moral handelt es sich nicht mehr um eine reine Autoritätsmoral, sondern um ein an den ethischen Grundsätzen des eigenen Gewissens ausgerichtetes Verhalten.

Zur Entwicklung eines positiven Sozialverhaltens ist nicht nur ein gutes Gewissen und eine sozialmoralische Urteilsfähigkeit vonnöten, sondern auch Empathie beziehungsweise Einfühlungsvermögen. Empathie heißt, dass der Mensch die Gefühle des Mitmenschen erkennen, seine Perspektive einnehmen, für eine kurze Zeit in seine Rolle schlüpfen kann. Diese wichtige mitmenschliche Fähigkeit ist in Ansätzen bereits bei Kleinkindern zu beobachten, zeigt sich schon deutlicher in den frühen Grundschuljahren und müsste in den ersten Jahren der weiterführenden Schule relativ gut entwickelt sein (vgl. Mussen u. a. 1993). Wie gut Kinder diese sozialemotionale Fähigkeit erwerben, hängt stark von entsprechendem Vorbildverhalten der familiären Bezugspersonen ab.

Wer zum sozialen Wesen werden möchte, bedarf natürlich auch der ständigen sozialen Begegnung und Beziehung. Zum einen erhält das Kind diese soziale Lerngelegenheit in der Familie. Zunächst stark muttergebunden, lernt es den Bezug an der Beziehung zum Vater und am Zusammensein mit den Geschwistern. Diese soziale Lerngelegenheiten sind nicht mehr in jeder Familie gegeben. Im Falle einer Einzelkindsituation fehlen die Geschwister, im Falle einer Einelternsituation fehlt der Vater oder die Mutter. Zur Weiterentwicklung dieser Gemeinschaftsfähigkeit trägt außerhalb der Familie die freundschaftliche Beziehung in der Gleichaltrigengruppe bei. Freundschaftem im Schulalter entstehen vor allem auf Grund gemeinsamer Vorlieben und Freizeittätigkeiten. Sie fördern im entscheidenden Maße das Verständnis füreinander, die Hilfsbereitschaft, das Vertrauen zueinander und die Achtung vor der Würde des anderen. Solche Freundschaftsgruppen sind in der Zeit vor der Pubertät meist geschlechtshomogen.

In einem sozial positiven Entwicklungskontext erwerben Kinder und Jugendliche nicht nur soziale Normen und Einstellungen, sondern auch ganz praktische Fertigkeiten. Besonders empfänglich für das Einüben des gegenseitigen Helfens, der selbstständigen Konfliktschlichtung, des Bedürfnisaufschubs (Selbstbeherrschung) und speziellerer Formen der Höflichkeit sind sie zwischen dem 8. und 12. Lebensjahr.

Das Sozialverhalten entwickelt sich nicht so geradlinig und stufig, wie in den Modellen der Entwicklungspsychologie beschrieben. Es gibt recht viel Variation hinsichtlich der Intelligenz, der Gewissensstruktur, der moralischen Gefühle und der sozialen Fertigkeiten. Ein zehnjähriger, gut sozialisierter Schüler kann wesentlich weiter entwickelt sein als ein unter schwierigen sozialen Bedingungen lebender Sechzehnjähriger.

Zu beachten ist auch, dass bei vielen Jugendlichen in der Altersspanne zwischen 13 und 18 Jahren ein zeitweiliger Rückgang prosozialen Verhaltens beziehungsweise eine Zunahme sozialer Verhaltensstörungen stattfindet. Die biologisch-seelischen Wandlungen der Pubertät, die notwendige Lösung von den Eltern sowie das Ringen um Identität und Lebenssinn haben eine verstärkte Konfliktbereitschaft, eine erhöhte Aggressivität und ein vermehrtes Infrage-Stellen von Regeln zur Folge.

Die Stufen der sozialmoralischen Entwicklung im Überblick

Vormoralische Ebene:

Stufe 1   Orientierung an Bestrafung und Gehorsam
Ob ein Sozialverhalten gut oder schlecht ist, hängt von den Reaktionen beziehungsweise Sanktionen einer Autorität ab. Was nicht bestraft wird, ist erlaubt.

Stufe 2   Instrumentelle Orientierung
Positives Sozialverhalten ist ein Mittel zum Zweck von Belohnung, Befriedigung, Anerkennung und Vorteilen.

Konventionelle Ebene:

Stufe 3   Guter Junge – liebes Mädchen
Positives Sozialverhalten wird einer Person zuliebe gezeigt, mit der man sich identifiziert hat.

Stufe 4   Gesetz und Ordnung
Positives Sozialverhalten erfolgt aus der Einsicht, dass Gesetze und Normen für das menschliche Zusammenleben wichtig sind.

Postkonventionelle Ebene:

Stufe 5   Sozialvertragliche Orientierung
Soziale Verhaltensregeln sind zwar wichtig, aber sie beruhen auf einem Vertrag, der geändert werden kann.

Stufe 6   Orientierung an universellen ethischen Prinzipien
Die Richtigkeit eines Sozialverhaltens wird über das persönliche Gewissen in Übereinstimmung mit selbst gewählten ethischen Grundsätzen definiert.

2.5 Das Sozialverhalten unserer Schüler

> „Es hat sich inzwischen herumgesprochen, dass unsere Schulen nicht Orte des friedlichen und freundlichen Miteinander sind."
>
> *Jochen Korte*

Fallbeispiel 1

Auf dem Pausenhof einer Grundschule machen sich Drittklässler einen Spaß daraus, andere Schüler zu provozieren durch gezieltes Anstoßen, durch Schubsen, durch Kopfnüsse und durch Schlagen mit dem Springseil.

Fallbeispiel 2

In einer siebten Hauptschulklasse ist es üblich geworden, sich gegenseitig vulgär und sexuell zu beschimpfen. Man redet sich weniger mit dem Vornamen an, sondern vielmehr mit *behinderte Kuh, Hure, Fotze, Wichser und Arschficker.*

Fallbeispiel 3

Thomas, Schüler einer siebten Hauptschulklasse, attackiert schon seit einiger Zeit Mitschüler, sowohl in den Pausen als auch auf dem Schulweg. Zunächst provoziert er sie verbal. Wenn sie Gleiches mit Gleichem beantworten, greift er sie körperlich an.
Eines Tages wirf ihm ein Klassenkamerad, der von ihm verprügelt worden ist, eine Limonadeflasche nach. Thomas nimmt den abgebrochenen Flaschenhals und sticht ihn in die Wange des Kontrahenten.

Fallbeispiel 4

Mehrere Schüler einer achten Realschulklasse erpressen Fünftklässler zur Herausgabe von Schutzgeld. Einige Wochen getrauen sich die Opfer nicht, dies ihren Eltern oder Lehrern zu berichten, weil sie Angst vor Rache haben. Als das Delikt schließlich ans Tageslicht kommt, werden die Täter vom Schulleiter verhört und nach dem Grund ihres Verhaltens gefragt. Einer der Schüler antwortet: „Wir wollten nur mal ausprobieren, wie blöd die Kids sind."

Fallbeispiel 5

Die Schüler einer sechsten Realschulklasse beschließen, einen sensiblen Schüler fertigzumachen. Er wird täglich wegen seiner Korpulenz gehänselt und mit ehrverletzenden Äußerungen (z. B. Mastschwein) beleidigt. Beim Hinsetzen wird ihm immer wieder der Stuhl weggezogen. Während und außerhalb der Unterrichtsstunden wird er ständig gequält durch Pfetzen, Boxen, Ohrschnalzen. Die Klasse lacht, wenn er etwas Falsches sagt. Appelle der Lehrer bleiben wirkungslos. Nach ein paar Monaten hat er eine massive Schulangst entwickelt. Die Eltern konsultieren einen Kinderpsychiater.

Fallbeispiel 6

Eines Tages beschließen Schüler einer neunten Gymnasialklasse, einen leistungsstarken, aber sensiblen Außenseiter fertigzumachen. Über Wochen zerbrechen sie sich den Kopf, wie sie ihr Opfer am wirksamsten kränken und verletzen können. Sie lassen ehrverletzende Gerüchte über seine Eltern kursieren, ziehen ihm beim Hinsetzen den Stuhl weg, entwenden ihm Schulsachen, tätigen Drohanrufe und drücken ihn beim Einsteigen aus der Straßenbahn. Beschwerden beim Klassenlehrer und Schulleiter helfen zunächst wenig, da die Täter alles abstreiten und verharmlosen. Ernst genommen wird das Problem erst, als der Schüler einen Nervenzusammenbruch erleidet und vom Arzt krankgeschrieben wird.

Fallbeispiel 7

Ein Schüler einer Berufsvorbereitungsklasse zwingt unter Androhung und Anwendung von Gewalt psychisch und physisch schwächere Mitschüler, für ihn zu stehlen. Außerdem zieht er Schutzgeld ein. Das mafiaähnliche System wird aufgedeckt, als ein Schüler beim Diebstahl in einem Supermarkt ertappt wird und der Polizei über die Praktiken in der Klasse berichtet.

Am Sozialverhalten der Schüler ist in den letzten Jahren massiv Kritik geübt worden. Als zentrales Symptom schälte sich der aggressive und gewalttätige Umgang der Schüler heraus. Das Spektrum der bei Schülern beobachteten Aggressions- und Gewaltformen reicht von Ehrverletzungen bis zu körperlichen Attacken. Was die Begriffe Aggression und Gewalt betrifft, schlagen wir vor, sie nicht synonym zu gebrauchen. Von Gewalt sollten wir bei schweren körperlichen Aggressionen sprechen.
Aggression und Gewalt hat es in allen Epochen der Schulgeschichte gegeben. Dies ist in der schulgeschichtlichen Studie „Das Klagelied vom schlechten Schüler" (Keller 1989) aufgezeigt und nachgewiesen worden. Die Frage ist, ob die jetzige Schülergeneration dieses Fehlverhalten in stärkerem Maße aufweist als die vergangenen. Aufgrund mancher Me-

dienberichte bekommt man den Eindruck, dass das Schülerverhalten massenweise verroht. Ernsthafte empirische Erhebungen (vgl. Hurrelmann/Freitag 1993, Funk 1995, Greszik 1995, Olweus 1995, Schwind 1995, Schubarth u. a. 1996) bestätigen die Hypothese von der epidemischen Verbreitung nicht. Auf der Basis der verschiedenen Untersuchungsdaten kann davon ausgegangen werden, dass circa 10% der Schüler besonders aggressiv sind und dieses Potential in unterschiedlichen Formen zum Ausdruck bringen. Brennpunkte von Aggression und Gewalt sind Haupt- und Sonderschulen sowie Berufsvorbereitungsklassen. Aus der weiteren Analyse geht hervor, dass

● die psychisch-verbalen Erscheinungsformen das Verhaltensbild dominieren, also nicht die im Vordergrund der Medien stehenden physischen Extremformen,
● die Problemspitze in der Altersgruppe der 13- bis15-Jährigen liegt,
● Jungen aggressiver und gewalttätiger sind als Mädchen,
● Aggression und Gewalt sich in großstädtischen Regionen häufiger ereignen.

Untersuchungen zur Aggression und Gewalt an Schulen wurden in den neunziger Jahren auch in Baden-Württemberg vom Landesinstitut für Erziehung und Unterricht durchgeführt. Die letzte fand im Jahre 1994 statt (vgl. Sikorski/Thiel 1995). Um das Ausmaß der Aggression und Gewalt zu bestimmen, wurden auf der Basis einer landesweiten Schulleiterbefragung Gewaltindices errechnet (Gewaltindex = Summe der Gewaltakte, die von hundert Schülern einer Schule während eines Schuljahres verübt werden). Für die einzelnen Schularten ergaben sich folgende Durchschnittswerte:

Förderschule	10,15
Verbundschule	3,84
Hauptschule	3,65
Grundschule	2,43
Grund- und Hauptschule	2,18
Realschule	1,92
Gymnasium	1,42
Berufsschule	0,66

Diese Gewaltindices hatten sich in allen Schularten im Vergleich zu einer 1991 durchgeführten Untersuchung bei derselben Stichprobe signifikant erhöht. Was das Erscheinungsbild der von den Schulleitern geschilderten Problemverhaltensweisen betrifft, stehen psychische Ausdrucksformen wie Verbalaggressionen, Drohungen, vulgäre Beschimpfungen und Mobbing im Vordergrund. Sie kommen um ein Vielfaches häufiger vor als Körperverletzungen und Sachbeschädigungen.

Diese Erkenntnisse und Ergebnisse decken sich mit Problemsammlungen, die 1995–1997 im Oberschulamtsbereich Tübingen vorgenommen wurden. Sie fanden in schulinternen und regionalen Lehrerfortbildungsveranstaltungen zu den Themen „Verhaltensauffälligkeiten", „Aggression und Gewalt" sowie „Soziales Lernen" statt. Fasst man die in Kleingruppen erarbeiteten Verhaltensbeschreibungen der circa 930 Lehrer zusammen, so ergibt sich folgendes Bild:

Verbalaggressionen	27%
Rücksichtslosigkeit, Egoismus	13%
systematische Unterdrückung, Ausgrenzung	13%
körperliche Auseinandersetzungen ohne Verletzungen	13%
Drohungen, Erpressungen	8%
Sachbeschädigungen, Vandalismus	7%
Ausländerfeindlichkeit, Intoleranz	7%
körperliche Aggressionen mit Verletzungen	6%
Widerstand gegen den Lehrer	5%
Mitführen von Waffen	3%

Die empirischen Ergebnisse der verschiedenen Studien dürfen nicht zu einer Verharmlosung führen. Denn die nähere Betrachtung der Extremformen zeigt, dass in der Schule eine neue Qualität von Aggression und Gewalt Einzug hält. Was an realer und medialer Gewalt außerhalb der Schule passiert, wird häufiger als früher zum Gewaltvorbild. Bei der Analyse fällt immer wieder in alarmierender Weise das mangelnde Unrechts- und Schuldbewusstsein auf.

In den Bestandsaufnahmen ist nicht nur der Mangel an Friedfertigkeit sichtbar geworden, sondern es sind auch Defizite im weiteren Bereich des Sozialverhaltens zu beobachten. In der häufig zitierten Befragungsstudie „Schulkinder heute", die unter der Leitung von Fölling-Albers (1992) bei Lehrern durchgeführt wurde, waren zwei Drittel der befragten Lehrer der Meinung, dass die heutigen Kinder im Vergleich zu früher egoistischer und rücksichtsloser seien. Bohnsack (1996) hat eine Reihe von Sozialverhaltensstudien ausgewertet, aus denen er den Schluss zieht, dass die Jugendlichen ichbezogener, vereinzelter und unsolidarischer geworden seien. Zur selben Schlussfolgerung gelangte Korte (1996) auf der Grundlage seiner pädagogischen Alltagsbeobachtungen.

2.6 Typische Ursachen gestörten Sozialverhaltens

> „Was ein Kind tut, soll nicht als Handlung, sondern als ein Symptom (einer Ursache) aufgefasst werden."
>
> *Marie von Ebner-Eschenbach*

Aggressives und antisoziales Verhalten lässt sich kaum mit einem einzigen Ursachenfaktor erklären. Die kinder- und jugendpsychiatrischen Studien, die sozialwissenschaftlichen Befragungen und die schulpsychologischen Fallanalysen weisen auf ein sehr vielschichtiges Ursachenbild hin. Es ist zusammengesetzt aus entwicklungspsychologischen, familiären, schulischen und gesellschaftlichen Faktoren, die in einem komplizierten Zusammenwirken das individuelle Problemverhalten erzeugen.

Entwicklungsverletzungen

Nicht selten beginnt die Fehlentwicklung mit seelischen Traumen, die sich in den ersten Kindheitsjahren in der Psyche einkerben. In den Einzelfallanalysen fallen immer wieder Ablehnung, Misshandlung und Verstoßung auf. Zur Kompensation dieser Verletzungen und Kränkungen bilden sich häufig Fehlverhaltensweisen heraus, deren unbewusste Botschaften (private Logik) aus individualpsychologischer Sicht lauten können:

„Störe, sonst wendet man sich dir nicht zu!"
„Übe Rache, wenn du verletzt worden bist!"
„Kämpfe um die Macht, sonst bleibst du ohnmächtig!"
„Stelle dich blöd, dann lässt man dich in Ruhe!"

Folge der seelischen Traumen sind nicht nur Fehlverhaltensweisen, sondern auch Moralentwicklungsstörungen. Das heißt, auf Grund des zerstörten Urvertrauens sind die Kinder nicht bereit, sich mit den Bezugspersonen zu identifizieren und somit Werte zu verinnerlichen.

Aktuelle Entwicklungskrisen

Besonders negativ auf das Sozialverhalten kann sich die Pubertät auswirken. Der seelisch-biologische Wandel, Misserfolge in der Schule, Schwierigkeiten bei der Partnersuche und bei der Sinn- und Identitätsfindung führen zu Stimmungsproblemen und seelischen Spannungen, die sich aggressiv und depressiv ausdrücken können. In einer Berliner Schülerbefragung standen pubertäre Stimmungsprobleme an erster Stelle der von Schülern genannten Ursachen (vgl. Dettenborn 1993).
Ebenso nimmt die Abneigung gegen Fremdbestimmung und Appelle zu (= Appellallergie).
Eine weitere Folge der Pubertät ist der Rückgang der Leistungsbereitschaft. Viele Jugendliche möchten jetzt das tun, was ihnen Spaß macht. Schließlich wird der Moral- und Normkodex der Erwachsenen kritisch hinterfragt. Manche überschreiten ganz bewusst die gesetzten Grenzen. Solche Grenzüberschreitungen verschärfen sich dort, wo Jugendliche unter den Konformitätsdruck und die Einflussmacht von Cliquen, Banden, Sub- und Gegenkulturen geraten und unter Zwang Fehlverhalten entwickeln.

Hirnfunktionsstörungen

Kritische Geburtsereignisse (z. B. Sauerstoffmangel), Umweltgifte, Alkohol- und Drogenkonsum können das Zentralnervensystem so beeinträchtigen, dass die Verhaltenssteuerung erschwert wird. Typische Anzeichen neurogener Verhaltensstörungen, deren Anteil am Gesamtspektrum auf 2–5% geschätzt wird, können Antriebsüberschuss, mangelnde Impulskontrolle, Hyperaktivität und extreme Reizbarkeit sein.

Aktuelle Familienprobleme

Etwa 35–40% der Ehen werden über kurz oder lang von gravierenden Krisen (Trennung/Scheidung) erfasst. Dies löst bei Kindern, die naturgemäß ein starkes Harmoniebedürfnis aufweisen, schwere psychische Spannungen aus, die entweder depressiv oder aggressiv zum Ausdruck gebracht werden. Darüber hinaus inszenieren Kinder aus Problemfamilien auch bewusst Verhaltensstörungen um auseinanderstrebende Eltern zusammenzuhalten. Ist die Familie endgültig zerbrochen, kann sich die Alleinerziehersituation entwicklungsstörend auswirken. Entwicklungsstudien zeigen signifikante Beziehungen zwischen dem Fehlen des Vaters und der Zunahme von Verhaltensproblemen.

Familiäre Erziehungsfehler

Auch in Familien, die strukturell in Ordnung sind und momentan keine gravierende systemische Störung aufweisen, können kindliche Verhaltensstörungen produziert werden, und zwar auf Grund von Erziehungsfehlern:

- verwöhnend-permissive Erziehung: Mangel an Grenzziehung, kein Gleichgewicht von Leistung und Gegenleistung, Eltern erlauben zu viel
- verwirrende Erziehung: Erziehung schwankt zwischen Härte und Verwöhnung, Kinder wissen nicht, wie sie sich verhalten sollen;
- vernachlässigende/verwahrlosende Erziehung: Kinder wachsen sich selbst überlassen auf, wenig oder gar keine Erziehung, die physischen Bedürfnisse werden meist befriedigt, gleichzeitig jedoch seelische Unterernährung;
- strafend-unterdrückende Erziehung: zu enge Grenzen, Mangel an Zuwendung und Liebe, harte körperliche und psychische Strafen (ca. 25% der Familien).

Schulische Fehler

Der häufigste schulische Störungsbeitrag ist der Mangel an Normverdeutlichung und Grenzziehung. Parallel hierzu lässt sich eine zweite Ursachenquelle erkennen: die Unfähigkeit eines Klassenteams oder eines Kollegiums zum pädagogischen Konsens. Das heißt, dass man sich nicht auf ein Minimum an Verhaltenserwartungen einigen will oder kann. Des Weiteren fällt immer wieder auf, dass Problemschülern Konsequenzen zwar angedroht, aber letztlich nicht realisiert werden, was aus Schülersicht die Einladung zur nächsten Störung ist. Manche Verhaltensstörung ist auch die Rache für Kränkungen, die der Lehrer dem Schüler zugefügt hat. Gekränkt wird vor allem in Form von Killerbotschaften und Bloßstellungen. Ein Fehler ist sicherlich auch, wenn der Lehrer mit der Klasse keinen Dialog pflegt, sondern lediglich Stoff vermittelt. Der Dialog ist notwendig, um sich Probleme von der Seele reden zu können. Fehlt diese Psychohygiene, wird die unaufgelöste Spannung über Störungen abgeführt.

Schließlich ist auch schlechter Unterricht ein Störungsverursacher. Zu nennen sind:

- mangelhafte Unterrichtsplanung und Unterrichtsdurchführung,
- zu wenig Formwechsel, Mangel an schüleraktiven Arbeitsformen,
- zu wenig Spannungsmomente, zu wenig Aufmerksamkeitsweckung,
- Mängel in der nonverbalen Unterrichtsführung,
- leistungsmäßige Über- oder Unterforderung.

Gesellschaftliche Einflüsse

Leider gibt es zwischen den gesellschaftlichen Gruppen kaum noch einen Wertkonsens. Was ein positives Sozialverhalten ist, wird sehr unterschiedlich und sehr beliebig definiert. Dann liegt die Ursache von Störverhalten auch in täglich beobachtbarem Gewaltverhalten, und zwar in realem wie auch in medialem. Nicht zuletzt sind unsere Kinder und Jugendlichen ein ehrlicher Spiegel unseres hektischen Lebensstil. Unsere Gereiztheit und Unruhe spiegelt sich in ihrem Verhalten wider. Diese Gereiztheit wird dort noch gesteigert, wo in Wohnungen und Wohngebieten Dichtestress herrscht.

Die wichtigsten Ursachen im Überblick

Familiäre Erziehungsfehler

- permissive Erziehung (zu wenig Normverdeutlichung, Normvermittlung und Grenzziehung)
- inkonsequente Erziehung
- kaltherzige, unterdrückende Erziehung
- uneinige Erziehung
- Erziehungsabstinenz des Vaters

Familiäre Belastung

- chronische Beziehungskriege
- akute Trennungs-/Scheidungskonflikte
- Ein-Eltern-Familie
- Mehr-Eltern-Familie

Frühkindliche Entwicklungsverletzungen

- Ablehnung
- Misshandlung
- Missbrauch
- Verstoßung

Aktuelle Entwicklungsprobleme

- seelisch-körperlicher Wandel (Pubertät)
- schulische Misserfolge
- Misserfolge bei der Partnersuche
- generelle Ablehnung durch Gleichaltrige
- misslungene Identitäts- und Sinnsuche
- negative Gruppen- und Subkultureinflüsse

Schulische Erziehungsfehler

- zu wenig Normverdeutlichung und Grenzziehung
- mangelnder pädagogischer Konsens
- Inkonsequenz
- Kränkungen, Bloßstellungen, Killerbotschaften
- Mangel an Umgangsregeln und Ritualen

Unterrichtsfehler

- Mangel an schülerzentrierten Arbeitsformen
- leistungsmäßige Über- oder Unterforderung
- wenig Spannung, Neugierweckung und Humor
- schlechte Stoffdarbietung

Reale Gewaltmodelle

- schlagende Eltern
- schlagende Geschwister, Schulkameraden und Freunde
- unfaire Sportler und Verkehrsteilnehmer

Mediale Gewaltmodelle

- gewalthaltige Fernsehfilme
- Horrorvideos
- gewaltverherrlichende Computerspiele

Gesellschaftliche Faktoren

- chronische ökonomische Krise
- soziale Brennpunktgebiete
- permissive Medienpolitik
- Zusammenbruch des Wertkonsenses, wenig Konsens hinsichtlich sozialer Werte, Normen und Tugenden
- Sündenbockdenken

3. Förderung des sozialen Lernens

3.1 Allgemeine Grundsätze der Sozialerziehung

> „Erziehung ist nur möglich, wenn sie sich an bestimmten Werten als verbindliche Maßgaben orientiert."
> *Otto Speck*

Es lässt sich nicht verhindern, dass einzelne Schüler auf Grund massiver außerschulischer Fehlentwicklungen in eine Sozialverhaltensstörung geraten, die sich auch im schulischen Verhalten negativ auswirkt. In solchen Fällen müssen die Eltern frühzeitig und eindringlich zur Inanspruchnahme therapeutischer Hilfe aufgefordert werden. Handelt es sich um strafrechtlich relevante Aggressions- und Gewaltdelikte, darf sich eine Schule nicht davor scheuen, mit der Polizei Kontakt aufzunehmen. Eine rein therapeutische Herangehensweise ist in solchen Extremfällen nicht angebracht, da sie das Fehlverhalten letztlich nur noch verstärkt. Ein Konsens hinsichtlich dieses Grundsatzes ist in manchen Kollegien schwierig, da man ohne rechtliche Hilfen auszukommen glaubt. In solchen Situationen muss bedacht und beachtet werden, dass die Rechtsordnung sowohl außerhalb als auch innerhalb der Schule gilt.

Die Chancen der Schulpädagogik liegen weniger im interventiv-therapeutischen, sondern vielmehr im präventiv-erzieherischen Bereich. Seit Beginn der neunziger Jahre haben Schulen unter dem Druck sich ausbreitender Aggressions- und Gewaltprobleme diesen Weg beschritten und bemerkenswerte Erfolge erzielt. Die konzeptionellen Bausteine einer wirksamen Sozialerziehung werden nachstehend näher beschrieben.

Normverdeutlichung und Grenzziehung

Positives Sozialverhalten entwickelt sich bei nur wenigen Kindern und Jugendlichen primär aus Einsicht. Auf dem komplizierten Entwicklungsweg zum moralisch selbstverantwortlichen Wesen brauchen die Heranwachsenden Regeln, Warnschilder, Normverdeutlichungen und Grenzziehungen.

Die Grenze ist immer dort, wo die körperliche und seelische Unversehrtheit des Mitmenschen beginnt. Die Verdeutlichung von Normen und das Ziehen von Grenzen bedarf einer positiven Autorität. In der Schule wird sie durch den Lehrer verkörpert, und zwar dadurch, dass er selbst mit gutem Beispiel vorangeht, die Schüler von der Notwendigkeit achtsamer Zwischenmenschlichkeit überzeugt und Orientierungen vermittelt.

Konsequenz

In den Aggressionsstudien der letzten Jahre haben Schüler die Inkonsequenz der Erwachsenen immer wieder als Ursache ihres Fehlverhaltens genannt. Wo Grundregeln des Zusammenlebens gravierend verletzt werden, muss in Familie und Schule konsequent reagiert werden. Das heißt: Dem Normverletzer muss unmissverständlich bewusst werden, dass die körperliche und seelische Verletzung des Mitmenschen Folgen hat. Die Schwachen haben ein Recht auf Schutz und bei der Durchsetzung dieses Rechts kann man auf Strafen nicht verzichten. Wenn Strafen dem Fehlverhalten angemessen sind und die Würde des Schülers nicht verletzen, sind sie auch wirksam. Je mehr auf Sanktionen verzichtet wird, desto stärker breiten sich in einer Schule Fehlverhaltensweisen aus und desto mehr wird Unrecht zum selbst definierten Recht. Konsequent sein setzt voraus, dass die Lehrer im Klassen- und Schulgeschehen präsent sind. Olweus (1995) hat in seinen Aggressionsstudien einen eindeutigen Zusammenhang zwischen der Präsenz der Lehrer und dem Aggressionslevel der Schüler nachgewiesen. Dort, wo beispielsweise die Pausenaufsicht nachlässig gehandhabt wird, hat eine Schule automatisch mehr Gewaltprobleme. Dort, wo die Pausenaufsicht ernst genommen wird und auf aggressives Verhalten sofort reagiert wird, ist das Sozialverhalten der Schüler positiver.

Wenn Normen des Zusammenlebens ernsthaft verletzt werden, können Strafen nicht ausbleiben. Die Strafe muss dem Fehlverhalten angemessen sein. Sie sollte ihm unmittelbar folgen, sie darf die Würde der Person nicht verletzten und sie sollte nach dem Prinzip der natürlichen Konsequenzen gehandhabt werden (Entzug von Belohnungen und Vergünstigungen, Wiedergutmachung von Schäden, Übernahme gemeinnütziger Aufgaben). Strafen sind auch zu begründen und zu erläutern. Dies fördert die Einsicht in den Sinn von Verhaltensregeln. Bei sehr schweren Vorfällen ist ein sofortiger Ausschluss notwendig. Es ist alles zu vermeiden, was bei den Tätern das Gefühl erzeugt, dass sie mit ihrem Fehlverhalten Erfolg haben (vgl. Korte 1994).

Pädagogischer Konsens

Soziale Verhaltensstörungen treten dort häufiger auf, wo sich Lehrer hinsichtlich grundsätzlicher Erziehungsziele und Erziehungsmethoden uneins sind, wo Beliebigkeit und Gegenläufigkeit das pädagogische Handeln kennzeichnen. Daraus folgt, dass ein Kollegium ein pädagogisches Konzept, einen Ethos erarbeiten muss, an dem sich das Handeln ausrichtet. Ort dieser Konsensbildung sind die Gesamtlehrerkonferenz und die Klassenkonferenz. Rutter (1980) fand in seiner berühmt gewordenen Schulqualitätsstudie heraus, dass ein pädagogischer Konsens Verhaltensstörungen in deutlichem Maße reduzieren hilft. Er versteht darunter nicht ein Handlungskorsett, das den einzelnen Lehrer einengt, sondern einen Handlungsrahmen. Dieser besteht aus gemeinsam erarbeiteten und getragenen Grundsätzen, an denen sich die tägliche pädagogische Arbeit orientiert.

Humane Kommunikation

Damit die Schüler zur Identifikation und zur Wertverinnerlichung bereit sind, muss der Lehrer zu ihnen eine positive emotionale Beziehung aufbauen. Erstens ist darunter zu verstehen, dass er den Schüler als Menschen achtet. Das Bemühen um diesen grundsätzlichen Respekt heißt nicht, dass er alles gutheißen muss. Zweitens soll er sich darum bemühen, sich in den Schüler einzufühlen, ihn aus seiner Perspektive zu verstehen. Drittens ist Echtheit anzustreben. Das heißt nicht, dass er alles, was ihm auf der Zunge liegt, ausspricht, sondern dass er das, was er sagt, mit seinen Gefühlen übereinstimmt. Viertens wünschen sich Schüler vom Lehrer, dass er auf Kränkungen, Bloßstellungen und Killerbotschaften als Mittel der Verhaltenssteuerung verzichtet. Tadel und Kritik sollen sich auf das Fehlverhalten des Schülers beziehen und sollten nicht aus Giftpfeilen bestehen, die die persönliche Ehre verletzen („Schade, dass dein Vater dich gezeugt hat", „Dir hat man in den Kopf geschissen").
Fünftens bedeutet humane Kommunikation auch, dass der Lehrer den Schüler für positives Leistungs- und Sozialverhalten lobt und ihn dort, wo es ihm nicht so gut geht, ermutigt und ermuntert.
Ein Lehrer, der selbst eine humane Kommunikation vorlebt, erzeugt Nachahmung und Identifikation.

Übertragung von Verantwortung

Verantwortung bezieht sich nicht nur auf den Menschen selbst, sondern immer auch auf die Gemeinschaft, den Mitmenschen, die Mitwelt. Die Förderung der Verantwortungsbereitschaft beginnt in der Familie, wenn Kinder im Haushalt mithelfen, jüngere Geschwister betreuen oder Haustiere pflegen. Die frühe Übertragung von Verantwortung, so der Entwicklungspsychologe Paul Mussen (1993), beeinflusst in starkem Maße die Herausbildung prosozialen Verhaltens. Erforderlich ist, dass die Schule diesen Entwicklungsprozess fortsetzt, indem sie Schülern gezielt Aufgaben delegiert. Geeignet hierfür sind nicht nur traditionelle Aufgaben wie Klassenbuch-, Tafel- und Kartendienst, Hilfestellung im Sportunterricht oder Pflanzenpflege, sondern auch Schülerpatenschaften und Mentorentätigkeiten. Ein zweites Lernfeld ist die Übernahme und Durchführung von Gemeinschafts- und Informationsaufgaben (z. B. Schulveranstaltungen, Schülerzeitung) im Rahmen der SMV. Im Bewusstsein der Mitverantwortung entwickeln Schüler, so ein wichtiges Resultat der oben erwähnten Rutter-Studie, ein positiveres Sozialverhalten.

Sozialer Verhaltenskodex

Die Schule muss das, was sie an Positivverhalten von den Schülern erwartet, den Schülern und den Eltern verdeutlichen, und zwar in Form eines Schulkodexes. Er sollte aus allgemeinen sozialen Verhaltenserwartungen (z. B. „Wir lösen Konflikte ohne Gewalt") und speziellen organisatorischen Regeln (z. B. „Während der Schulzeit darf die Schule nur mit Erlaubnis des Lehrers verlassen werden") bestehen. Ein solcher Schulkodex muss in Kooperation mit Eltern und Schülern erarbeitet werden. Er muss außerdem klar formuliert, verständlich und übersichtlich sein. Ein Schulkodex bedarf der sorgfältigen Erläuterung. Im Falle von Normverstößen muss auf ihn unmissverständlich Bezug genommen werden.

Die Akzeptanz sozialer Normen ist dort besonders stark, wo der allgemeine Schulkodex durch einen von der Klasse erarbeiteten Kodex des Zusammenlebens ergänzt wird. Der Klassenkodex hängt als Poster an der Wand des Klassenzimmers und erinnert den einzelnen Schüler an seine sozialen Verpflichtungen. Ausgangspunkt der Entwicklung eines Klassenkodexes ist folgende zentrale Frage: „Was dürfen dir die anderen nicht antun?" Diese Wünsche und Erwartungen an die anderen werden auf Kärtchen geschrieben. Anschließend werden die Kärtchen von den Schülern vorgelesen und auf einer Stellwand zu Gruppen ähnlicher Wünsche zusammengefügt. Die Gruppen erhalten regelartige Überschriften in der Wir-Form (z. B. „Wir gehen friedlich miteinander um").

Auf diesen Klassenkodex kann während des Schuljahres immer wieder Bezug genommen werden, und zwar vor allem dann, wenn Regeln verletzt worden sind. Die Regelverletzung ist der Ausgangspunkt eines klärenden Dialogs, den die Klasse unter Begleitung des Lehrers führt.

Die Grundidee der selbstständigen Regelerstellung ist dem Just-Community-Konzept von Kohlberg (1996) entnommen. Nach seinen Annahmen halten sich Schüler eher an Regeln, wenn sie diese selber entwickeln und gestalten dürfen.

Konstruktive Konfliktlösung

Eine weitere Möglichkeit zur Förderung des sozialen Lernens bietet die konstruktive Bearbeitung aktueller Konflikte. Konstruktiv heißt, dass Konflikte gemeinsam beschrieben, analysiert und gelöst werden. Nach folgenden Schritten kann die Konfliktbearbeitung erfolgen:

● Was ist vorgefallen?
● Wie kam es dazu?
● Welche Gefühle hat der Konflikt bei uns ausgelöst?
● Was machen wir jetzt (Lösungsideen sammeln)?

Statt den Konflikt mit Aggression und Gewalt zu lösen, lernen die Schüler, sich friedlich zu einigen. Anfangs bedarf dies der systematischen Übung im Rollenspiel, im Lauf der Zeit wird das Lösungsmodell in den Alltag übertragen.

Darüber hinaus bietet sich die Ausbildung von Schüler-Streit-Schlichtern an (siehe Jefferys/Noack 1995). Das sind ältere Schüler, die zu Schlichtern ausgebildet werden und bei Schülerkonflikten als Moderatoren eingesetzt werden.

Lernförderung

Manche Aggression wurzelt in chronischen Lern- und Leistungsschwierigkeiten beziehungsweise Misserfolgserlebnissen. Leistungsschwierige Schüler tendieren dazu, ihre Minderwertigkeitserlebnisse zu kompensieren. Einen Teil der Lernfrustrationen kann der Lehrer abbauen (siehe Keller 1996 und 1999), indem er

● Misserfolgsschüler gezielt ermutigt und ihnen Erfolgsgelegenheiten verschafft,
● in enger Anlehnung an den Lernstoff und Lernsituationen Lerntechniken vermittelt,

- durch häufige Kurzwiederholungen Lernlücken schließen hilft,
- Fehleranalysen durchführt und gezielte Hinweise zum Lückenschließen gibt,
- Hausaufgaben nach Umfang und Schwierigkeiten differenziert,
- Hilfsmaßnahmen in einer schulischen oder außerschulischen Fördergruppe vermittelt,
- eine Zeitlang pädagogische Noten erteilt (z. B. in Deutsch),
- den Schüler bzw. seine Eltern zur schulpsychologischen Beratung motiviert.

Schüleraktive Unterrichtsformen

Schließlich bietet sich der Einsatz neuer Unterrichtsformen als Fördermittel an. Je häufiger Projektarbeit, Gruppenarbeit oder Partnerarbeit praktiziert werden, desto mehr wird die Teamfähigkeit der Schüler weiterentwickelt. Dietrich (1971) hat schon vor mehr als 25 Jahren untermauern können, dass kooperative Arbeitsformen das Sozialverhalten der Schüler signifikant fördern. Aus seinen weiteren Ergebnissen geht allerdings hervor, dass dieser Erfolg einen Lehrer voraussetzt, der die Fähigkeit zum kooperativen Lehren besitzt. Seine Erkenntnisse sind in Folgestudien immer wieder bestätigt worden.

Die wirksame Förderung der sozialen Kompetenz auf dem Weg der Unterrichtsform bedarf der inneren Schulentwicklung (siehe Kapitel 3.10). Das heißt, dass ein Lehrerkollegium seine Methodik einer Ist-Analyse unterzieht, darauf aufbauend ein Änderungskonzept entwickelt, sich im Rahmen der Schulinternen Lehrerfortbildung gemeinsam fortbildet, die neuen Methoden erprobt und die Erfahrungen gemeinsam reflektiert.

Spiel und Entspannung

Kinder und Jugendliche produzieren täglich ein hohes Maß an seelisch-körperlichen Energien. Gibt es hierfür keine Umsetzungsmöglichkeiten, kommt es unweigerlich zu Aktivitätsstaus, die sich irgendwann in Agressionen gegen Personen und Sachen entladen. Schulische Möglichkeiten der Energieumsetzung sind zum einen handlungsorientierte Unterrichtsformen, Lernspiele, Pausenspiele und Kurzgymnastik außerhalb der Sportstunden. Zum anderen bieten sich auch systematische Entspannungsübungen an. Physiologisch betrachtet, bedeutet Entspannung Umschalten von sympathischer Erregung auf parasympathische Erholungsprozesse. Durch Entspannungsübungen lernt der Schüler nicht nur die

Regulierung seines vegetativen Gleichgewichts, sondern auch die Lenkung der Konzentration und die Selbstbeherrschung.

Ein sehr populäres und leicht erlernbares Entspannungsverfahren ist das progressive Muskelentspannungstraining von Jacobson (vgl. Bernstein/ Borkovec 1990). Seine Wirkweise besteht darin, dass kurz und intensiv angespannte Muskeln rasch ermüden und sich dann warm und schwer anfühlen. Wenn die wichtigsten Körpermuskelgruppen nacheinander so bearbeitet werden, entsteht allmählich ein entspannter Gesamtzustand.

Ein ebenso häufig angewandtes, aber schwerer erlernbares Entspannungsverfahren ist das Autogene Training von J. H. Schultz (1991). Der Übende lernt, sich durch Autosuggestionen zu beruhigen (z. B. „Ich bin ganz ruhig", „Der Arm ist ganz schwer"). Für das Entspannungstraining in der Schule ist die Originalversion nach Schultz nicht zu empfehlen. Hierfür wesentlich geeigneter sind Entspannungsgeschichten, Märchen oder Phantasiereisen, die in Schwere-, Wärme-, Ruhe- und Atemübungen eingebaut sind (vgl. Müller 1984; Müller 1985; Friedrich/Friebel 1989).

Zum Ziel der Entspannung kann man auch durch Meditation gelangen. Meditation heißt, sich von der Außenwelt zu distanzieren durch Konzentration auf einen Wahrnehmungs- oder Denkinhalt. Meditiert werden kann sowohl im Rahmen des Yoga oder Zen als auch durch Musik oder Bildbetrachtung. Meditative Techniken sollten nur im Entspannungstraining mit älteren Schülern eingesetzt werden.

Elterninformation und Elterntraining

Kleinen Familien fehlt häufig das überlieferte Erziehungsrepertoire der Mehrgenerationenfamilie. Hinzu kommt, dass in großstädtischen Regionen die traditionellen Miterzieher, auch informelle Sozialkontrolle genannt, kaum noch präsent sind. Immer mehr Eltern sind auf erziehungspsychologische Informationen und Tipps angewiesen. Nach meinen Erfahrungen erleben sie es nicht als Einmischung, wenn man Erziehung auf Elternabenden thematisiert oder Hilfen in Form von Elternbriefen weiterreicht. Es schadet auch nicht, sie deutlicher als bisher an ihre Erziehungs- und Fürsorgepflicht zu erinnern. Wie empirische Erhebungen zeigen, lässt die Anzahl der Elternabende zum Thema „Sozialverhalten" sehr zu wünschen übrig. In einer Befragung haben nur 16% aller weiterführenden Schulen in Hessen angegeben, Elterninformationsveranstaltungen über Gewaltprävention durchgeführt zu haben (vgl. Herwig/Hold-Jagoda 1995).

Medienerziehung und Medienkontrolle

Kinder und Jugendliche vom Medienkonsum fernzuhalten, scheint heutzutage kaum mehr möglich. Einzig realistisch ist eine Medienerziehung, die versucht, Schüler zum kritischen Umgang mit Medien und Medieninhalten zu befähigen. Oberstes Prinzip der Aufklärungsarbeit muss sein, Medien keinesfalls pauschal schlecht zu machen. Sinnvoller ist es, Eltern über die Auswirkungen eines exzessiven und altersinadäquaten Medienkonsums zu informieren, sie zur Reflexion ihres eigenen Medienverhaltens zu motivieren, auf ihre Verantwortung hinzuweisen und ihnen praktische Hilfen zur familiären Medienerziehung zu vermitteln (vgl. Rogge 1990). Parallel zur Elternarbeit muss Medienerziehung auch im Unterricht stattfinden. Sie sollte damit beginnen, dass in der Grundschule und in der Orientierungsstufe intensiv Lesemotivierung betrieben wird. Dann sollten Schüler regelmäßig Gelegenheit bekommen, über ihre Medienerlebnisse zu berichten. Dabei ist es nützlich, sie begründen zu lassen, warum sie sich für bestimmte Sendungen entschieden haben. Schüler wollen natürlich auch erfahren, wie Medienprodukte (z. B. Filme) gemacht werden. Des Weiteren müssen sie das Gesehene analysieren lernen, indem sie beispielsweise Stereotypen ermitteln. Die Einsicht in die Strategie der Massenmedien wird dadurch gefördert, dass sie in die Rolle des Medienmachers schlüpfen und selbst mit der Videokamera Filme drehen.

Die Medienerziehung hätte es sicherlich leichter, wenn der Staat die Medienkontrolle intensivieren würde – vor allem im Hinblick auf gewaltverherrlichende TV-Filme und Horrorvideos. Allzu leichtfertig gehen die Verantwortlichen mit diesem Problem um und trösten sich damit, dass die direkte Imitationswirkung der Mediengewalt nur auf eine kleine Minderheit der Kinder und Jugendlichen zutrifft.

Kompensatorische Betreuung

Aggression und Gewalt treten in sozialen Brennpunktgebieten und Brennpunktschulen signifikant häufiger auf. Dort gibt es wesentlich mehr Kinder und Jugendliche mit einem problematischen, entwicklungsstörenden Familienkontext. In diesen Gebieten und Schulen können Schulsozialarbeit, soziale Stadtteilarbeit und Streetwork wichtige Beiträge zur Problembewältigung leisten. Solche Angebote sind ein wirksames Auffangnetz für auffällige und gefährdete Schüler. Die in diesem sozialen Feld tätigen Fachkräfte haben meist auch einen guten Überblick über kommunale und regionale psychosoziale Hilfen. So können sie Schülern, deren

Probleme sozialpädagogisch nicht bewältigt werden können, wirksame therapeutische Hilfe vermitteln.

3.2 Die Klasse als zentraler Ort des sozialen Lernens

Gruppenentwicklung in der Schulklasse

> „Erschwerend wirkt sich in der Klassensituation die Tatsache aus, dass wir es mit einer unfreiwilligen Gemeinschaft zu tun haben. Trotzdem müssen alle miteinander auskommen – und das über mehrere Stunden täglich."
>
> *Jamie Walker*

Die Schulklasse ist für den Heranwachsenden nach der Familie und der Freizeitgruppe der wichtigste soziale Ort. Soziologisch kann man die Schulklasse als Primärgruppe bezeichnen. Das heißt, dass die Mitglieder in direkter Kommunikation miteinander stehen, viele Gefühle ausgetauscht werden und ein hohes Maß an Vertrautheit besteht.

Leider lässt sich häufig feststellen, dass Schulleitungen wenig Zeit und Sorgfalt für die Zusammenstellung von Klassen oder bei der Aufnahme neuer Schüler aufbringen. Oft ist die absolute Zahl oder das Wohngebiet der Schüler das einzige Kriterium. Wichtig ist schon bei der Neubildung, das Verhältnis Jungen zu Mädchen nicht zu ungleich zu gestalten. Kinder, die schon bisher soziale Beziehungsprobleme hatten, sollten nicht unbedingt in dieselbe Klasse kommen. Auch eine übergroße Zahl von Wiederholern kann das Gruppengefüge stark beeinflussen. Bevor aus der Schulklasse eine Primärgruppe wird, vergeht einige Zeit, in der Machtkämpfe stattfinden und Distanzen und Sperren überwunden werden müssen. Wenn diese Kontaktphase vorbei ist, kristallisiert sich ein festes Interaktionsgefüge heraus. In ihm spiegelt sich das Spiel der sozial-emotionalen Kräfte wider. Einblick in diese Gruppenstruktur erhält man durch sorgfältige Verhaltensbeobachtung oder durch einen soziometrischen Test. Letzterer ist ein Messverfahren, mit dessen Hilfe die Beziehungen in der Klasse erfasst werden können (vgl. Großmann 1996, S. 108 ff.). Beispielsweise werden die Schüler aufgefordert anzugeben, mit wem sie gerne eine Reise unternehmen möchten und mit wem auf keinen Fall. Die Wahlen und Ablehnungen lassen sich in Form eines Soziogramms darstellen. Es gibt Aufschluss über den Grad des Gruppenzusammenhalts und die Position des einzelnen Schülers in der Gruppe (Führer, Mitläufer, Außenseiter). Petillon (1980) hat auf der Basis soziometrischer Untersuchungsergebnisse folgende Typen gefunden:

Typ 1 = Ausgestoßener	Typ 5 = Anerkannter
Typ 2 = Abgelehnter	Typ 6 = Beachteter
Typ 3 = Unbeachteter	Typ 7 = Star
Typ 4 = Unauffälliger	

Trotz der Tatsache, dass die Beziehungen der Gruppenmitglieder phasenweise konflikthaft sind, erleben sie sich über kurz oder lang als einander zugehörig, was in der Gruppendynamik als Wir-Gefühl bezeichnet wird. Parallel dazu strebt die Gruppe nach Konformität der Einstellungen und Verhaltensweisen, was von eher individualistisch orientierten Schülern bisweilen als unangenehm empfunden wird. Zu beobachten ist auch, dass sich Klassen von anderen Klassen abgrenzen, sich für besser halten oder gegen die Fremdgruppe Feindseligkeiten entwickeln. Überhaupt dient die Klasse der Befriedigung verschiedenster affektiver Bedürfnisse.

Obwohl durch die soziale Herkunft und die Persönlichkeit der einzelnen Schüler Grenzen gesetzt sind, kann der Lehrer die Gruppenstruktur und Gruppendynamik einer Schulklasse beeinflussen (vgl. Memmert 1988). Erste Voraussetzung für eine positive Gruppenentwicklung ist, dass der Klasse Grundregeln des Zusammenlebens vermittelt und verdeutlicht werden. Werden elementare Regeln verletzt, sollte gleich konsequent reagiert werden. An diesem Regellernen sollte man die Klasse aktiv beteiligen, indem sie am Schuljahresbeginn einen Klassenkodex entwerfen lässt (vgl. Kapitel 3.1).

In der ersten Phase der Gruppenbildung verdient auch die Gruppenstruktur besonderes Augenmerk. Ergeben die Beobachtungen, dass Schüler ausgegrenzt werden oder sich gegenseitig befehdende Cliquen bilden, sind intensive sozialintegrative Maßnahmen vonnöten. Erweist sich der Interaktionsstil als problematisch, sollten soziale Lernübungen durchgeführt werden. Last not least wird die Gruppenentwicklung zusätzlich durch gemeinsame Aktivitäten wie Klassenfeste, Projekte und Gruppenunterricht gefördert. Resultat solcher Bemühungen kann eine effektive Gruppe sein, die nach Stanford (1980, S. 13) folgende Merkmale aufweist:

1. Die Gruppenmitglieder verstehen und akzeptieren sich.
2. Die Kommunikation ist offen.
3. Die Mitglieder fühlen sich für ihr Lernen und Verhalten verantwortlich.
4. Die Mitglieder kooperieren miteinander.
5. Müssen Entscheidungen getroffen werden, gibt es festgelegte Verfahrensregeln.
6. Die Mitglieder sind fähig, sich offen mit Problemen auseinander zu setzen und ihre Konflikte auf konstruktive Weise zu lösen.

Gezielte gruppenpädagogische Maßnahmen sind sicherlich eine wirksame Vorbeugung gegen Disziplin- und Verhaltensstörungen. Um diese durchführen zu können, bräuchte vor allem der Klassenlehrer spezielle Fortbildung und Zusatzstunden (Klassenlehrerstunde). Leider gibt es Klassen, die den Weg von der Machtkampfphase am Beginn der Gruppenentwicklung bis zur relativen Stabilität nicht schaffen, sondern in einem Zustand permanenter Konflikte und Streitigkeiten verbleiben. Dies sollte den Klassenlehrer und sein Team nicht resignieren lassen. Jetzt wäre eine systematische Ist- und Soll-Analyse zusammen mit der Klasse angebracht. Mitschka (1997) schlägt hierzu die Durchführung einer anonymen Befragung vor, die sich auf folgende Fragen (leicht modifiziert) konzentrieren sollte:

1. Das ist in unserer Klasse gut:
2. Das ist derzeit das Kernproblem in unserer Klasse:
3. Was können die Lehrer zur Lösung des Problems beitragen?
4. Was können die Eltern tun?
5. Was kann ich, was können wir tun?

Die Ergebnisse dieser Befragung werden zunächst einmal im Klassenteam besprochen und interpretiert. Die nächsten Schritte zur Problemlösung könnten so aussehen:

Modell A: Die Lehrer einigen sich in derselben pädagogischen Konferenz unter starker Berücksichtigung der Schülervorschläge auf Lösungsbeiträge. Die Schüler stimmen in einer Schülerkonferenz unter Moderation des Klassenlehrers ab, welche Lösungsideen sie verwirklichen möchten. Die Eltern entscheiden auf einem Elternabend darüber, wie sie sich an der Problemlösung beteiligen.

Modell B: Es findet eine Lehrer-Schüler-Eltern-Konferenz statt, die vom Klassenlehrer moderiert wird. Am Konferenzbeginn schildert er nochmals kurz die Klassenproblematik. Dann präsentiert er die Befragungsergebnisse, und zwar möglichst in prägnanter Form auf Postern. Im Folgenden werden die Ergebnisse reflektiert. Entweder durch Vergabe von Klebepunkten oder durch Abstimmung mit dem Stimmzettel, auf den jeder die beste Lösungsidee schreibt, wird ein Maßnahmenkatalog vereinbart. Aus diesem muss klar hervorgehen, wer (Lehrer, Eltern, Schüler) was wann tut. Die Änderungsziele üben mehr Zugkraft aus, wenn sie in Form einer schriftlichen Vereinbarung (Kontrakt) festgehalten werden.

Egal, ob die Problemlösung nach dem Modell A oder nach dem Modell B angepackt wird, zu einem späteren Zeitpunkt muss der Erfolg kontrolliert werden. Das heißt, dass die Frage beantwortet wird, ob die vereinbarten Maßnahmen zu einer Verbesserung des Klassenklimas und des Klassenverhaltens geführt haben. Gegebenenfalls muss der Maßnahmenkatalog nochmals geändert werden.

Eine Bestandsaufnahme kann auch mit Hilfe einer Checkliste (siehe S. 42) vorgenommen werden. Sie besteht aus zentralen Aussagen zum Klassenverhalten, die in positiver Form formuliert sind. Jeder Schüler kreuzt auf seinem Fragebogen an, in welchem Maße diese Aussage auf die Klasse zutrifft. Die Befragung wird anonym durchgeführt. Der erste Auswertungsschritt besteht darin, pro Frage Mittelwerte zu errechnen.

Wenn man zum Beispiel den Mittelwert für die Frage 1 errechnen möchte, addiert man die angekreuzten Punktwerte und dividiert sie durch die Anzahl der Schüler. Die einzelnen Mittelwerte kann man zu einem Profil verbinden (siehe S. 43). Aus dem Profil wird ersichtlich, wie weit die Klasse in den einzelnen Verhaltensbereichen vom Idealzustand entfernt ist. Darüber hinaus ist es auch möglich, wenn man ein entsprechendes Computerprogramm oder einen Taschenrechner mit Statistikfunktionen besitzt, zusätzlich zum Mittelwert die Standardabweichung zu errechnen. Diese bringt zum Ausdruck, in welchem Maß die angekreuzten Werte um den Mittelwert streuen. Je geringer die Standardabweichung, desto homogener ist die Klasse in Bezug auf das mit der Frage gemessene Merkmal.

Die Ergebnisse werden mit der Klasse besprochen. Aufbauend auf dem Profil sollte ein Änderungsprogramm entworfen werden. Das heißt, dass die Schüler miteinander vereinbaren, gering ausgeprägte Verhaltensweisen häufiger als bisher zu zeigen. Nach 1–2 Monaten ist eine Erfolgskontrolle fällig. Dieselbe Befragung findet noch einmal statt und es wird erneut ein Profil errechnet. Aus dem Vergleich der beiden Profile kann man nun ersehen, ob sich das Klassenverhalten tatsächlich verbessert hat.

Der Klassenfragebogen

Mit diesem Fragebogen kannst du deine Klasse und das Klassenverhalten einschätzen. Aus dem Ergebnis der Befragung lässt sich ersehen, was bei euch gut klappt und was noch verbessert werden muss. Die Befragung ist anonym, weshalb du deinen Namen nicht angeben musst.

Kreuze immer die Antwort an, die aus deiner Sicht auf deine Klasse zutrifft.

	Immer	oft	manch-mal	selten	nie
1. Wir fühlen uns in unserer Klasse wohl.	5	4	3	2	1
2. Wir haben Vertrauen zueinander.	5	4	3	2	1
3. Wir achten uns gegenseitig.	5	4	3	2	1
4. Wir können einander gut zuhören.	5	4	3	2	1
5. Wir kommen gut miteinander aus.	5	4	3	2	1
6. Streitigkeiten lösen wir friedlich.	5	4	3	2	1
7. Wir trauen uns, unsere Meinung frei zu äußern.	5	4	3	2	1
8. Wir fühlen uns für unsere Klasse verantwortlich.	5	4	3	2	1
9. Vereinbarte Regeln halten wir ein.	5	4	3	2	1
10. Wir können gut zusammenarbeiten (z. B. Partner- oder Gruppenarbeit).	5	4	3	2	1
11. Wir helfen uns gegenseitig.	5	4	3	2	1
12. Bei Streitigkeiten können wir uns einigen.	5	4	3	2	1
13. Wir bemühen uns darum, den anderen aus seiner Sicht zu verstehen.	5	4	3	2	1
14. Wir kümmern uns um alle in der Klasse.	5	4	3	2	1
15. Wir trösten uns, wenn es uns schlecht geht.	5	4	3	2	1
16. Wir treffen uns auch außerhalb des Unterrichts (z. B. zu Klassenfesten, Geburtstagsfeiern).	5	4	3	2	1

Der Klassenfragebogen: Ergebnis der Klasse 5b der Realschule Blaustein im 1. Halbjahr

Mit diesem Fragebogen könnt ihr eure Klasse und euer Klassenverhalten einschätzen. Aus dem Ergebnis der Befragung lässt sich ersehen, was bei euch gut klappt und was noch verbessert werden muss. Die Befragung ist anonym, weshalb du deinen Namen nicht angeben musst.

Kreuze immer die Antwort an, die aus deiner Sicht auf deine Klasse zutrifft.

	Immer	oft	manch-mal	selten	nie	Mittel-wert	Steu-ung
1. Wir fühlen uns in unserer Klasse wohl.	5	4	3	2	1	3,1	0,39
2. Wir haben Vertrauen zueinander.	5	4	3	2	1	2,5	0,35
3. Wir achten uns gegenseitig.	5	4	3	2	1	2,5	0,74
4. Wir können einander gut zuhören.	5	4	3	2	1	2,7	0,89
5. Wir kommen gut miteinander aus.	5	4	3	2	1	3,0	0,36
6. Streitigkeiten lösen wir friedlich.	5	4	3	2	1	2,3	0,58
7. Wir trauen uns, unsere Meinung frei zu äußern.	5	4	3	2	1	2,5	0,62
8. Wir fühlen uns für unsere Klasse verantwortlich.	5	4	3	2	1	2,7	0,93
9. Vereinbarte Regeln halten wir ein.	5	4	3	2	1	2,8	0,51
10. Wir können gut zusammenarbeiten (z. B. Partner- oder Gruppenarbeit).	5	4	3	2	1	3,3	0,42
11. Wir helfen uns gegenseitig.	5	4	3	2	1	3,0	0,5
12. Bei Streitigkeiten können wir uns einigen.	5	4	3	2	1	2,5	1,26
13. Wir bemühen uns darum, den anderen aus seiner Sicht zu verstehen.	5	4	3	2	1	2,9	0,72
14. Wir kümmern uns um alle in der Klasse.	5	4	3	2	1	2,4	0,71
15. Wir trösten uns, wenn es uns schlecht geht.	5	4	3	2	1	3,0	0,43
16. Wir treffen uns auch außerhalb des Unterrichts (z. B. zu Klassenfesten, Geburtstagsfeiern).	5	4	3	2	1	2,9	0,66

Beispiel eines Klassenkodexes

(Klasse 9a der Parkrealschule Kressbronn, Klassenlehrerin Jutta Koch, Schuljahr 95/96)

- Jede/r hat ein Recht darauf, so wie sie/er ist, respektiert zu werden.
- Ich achte darauf, mit allen in der Klasse Kontakt zu haben.
- Ich rede und verhalte mich nicht abwertend gegenüber Mitschülern/innen, sondern beachte ihre positiven Seiten.
- Ich bin bereit Vorurteile und Schubladendenken abzubauen.
- Kritik spreche ich offen und direkt aus und verstecke mich nicht hinter Anspielungen.
- Ich bin fähig und stark genug, meine Konflikte allein zu regeln, und brauche keine Gruppe zur Verstärkung.
- Ich traue mich, meine Meinung im Unterricht zu äußern.
- Ich akzeptiere, dass die Meinung anderer nicht immer meinen Ansichten entspricht, und lache nicht oder gebe abwertende Kommentare.
- Ich lasse die anderen ausreden und höre ihnen zu.
- Ich ergreife bei Auseinandersetzungen keine Partei.
- Ich akzeptiere, dass andere anders sind als ich.
- Ich bin bereit, einen Schlussstrich unter allen Ärger zu ziehen, und lasse mich auf andere, neue Erfahrungen ein.
- Wenn es Probleme mit den Regeln gibt, dann
  - einigen wir uns auf einen Zeitpunkt, um darüber zu reden
  - achten wir gegenseitig auf die Einhaltung der Regeln, die in unserer Klasse gelten.

Kooperative Sozialerziehung in der Schulklasse

> „Zwei Klassenlehrer pro Klasse sind die optimale Dosierung für das Kind."
>
> *Peter Struck*

Die Methodenkompetenz unserer Schüler lässt sich im Gegensatz zur Sozialkompetenz relativ einfach verändern. Die Durchführung eines entsprechenden Lernprogramms (Keller 1999) führt hier oft schon in kurzer Zeit zu positiven Erfahrungen.

Leider vergessen wir als „Fach"-Lehrer ausgebildeten Lehrer allzu oft, dass wir in erster Linie nicht Fächer, sondern Schüler unterrichten.

Die Konsequenz daraus sollte sein, die Sozialkompetenz gleichgewichtig neben die Fach- und Methodenkompetenz zu stellen. Dies erfordert von uns Lehrern ein besonderes Maß an Vorbildverhalten im sozialen Bereich und damit an Kooperation. Doch wie steht es damit?

Eine Untersuchung zeigt auf, dass die Intensität der Kooperation unter Lehrern an den Sekundarstufen in der Bundesrepublik gering ist: Vor allem in den Gymnasien ist die (Lehrer-)Kooperation immer noch zu wenig verbreitet.

Ursachen hierfür sind unter anderem unzureichende Ausbildung und Fortbildung, Überalterung, Konkurrenzverhalten und mangelnde Flexibilität. Während kaum ein anderer Beruf ohne Arbeit im Team auskommt, ist der Prototyp des heutigen Lehrers Einzelgänger und Einzelkämpfer, der die Vorteile der Zusammenarbeit oft nicht erkennt und vielleicht auch nicht erkennen will. Dabei fällt auf, dass in guten Schulen überdurchschnittlich häufig eine systematische Zusammenarbeit der Lehrer im methodisch-didaktischen, curricularen als auch im sozialen Bereich zu beobachten ist. In seinem Buch „School's out" zweifelt Perelman (1993) generell an der Fähigkeit der Schulen zur Vermittlung von Sozialkompetenz. Stillzu-sitzen und auf die Tafel starren könne man dort lernen. Viel mehr soziale Interaktion laufe dagegen auf Spielplätzen, in Schwimmbädern und in Cafés.

Aus unserer Praxis heraus können wir Perelman sicher nicht zustimmen. Zwar müssen wir zugeben, dass es nicht immer ganz einfach ist, unseren Kollegen die Vorzüge der Kooperation zu vermitteln. Sobald dieser entscheidende Schritt aber getan ist, gilt es, die Thesen Perelmans zu vergessen.

In Kapitel 2.1 haben wir folgende Einzelziele des sozialen Lernens definiert: Hilfsbereitschaft, Friedfertigkeit, Kooperationsfähigkeit, Selbstbeherrschung, soziale Sensibilität, Selbstbehauptung, Konfliktfähigkeit, Kommunikationsfähigkeit, Toleranz, Verantwortungsbewusstsein und Höflichkeit.

Wie können wir diese Werte nun bei unseren Schülern gezielt fördern?

Wichtigste Voraussetzung dafür ist sicher die Vorbildhaltung des Lehrers. Leben wir unseren Schülern tatsächlich diese Einzelziele des sozialen Lernens zumindest als anzustrebendes Ideal vor? Sind wir uns selbst und unseren Schülern gegenüber offen genug, bestimmte soziale Defizite einzugestehen und auch die Bereitschaft zu entwickeln, daran zu arbeiten? Dazu gehört aber auch, Konflikte in den eigenen Reihen zu lösen und sich dabei nicht von den Schülern ausspielen zu lassen. Denn erst dann können wir diese Forderung an unsere Schüler stellen.

Ein weiteres Kriterium ist ein Konsens in wesentlichen pädagogischen Fragen der in der Klasse unterrichtenden Lehrer. Es gilt, übergreifende Verhaltensregeln festzulegen und auch weiterhin zu erörtern. Soziale Normen sind erst dann sinnvoll, wenn sie von den in einer Klasse unterrichtenden Lehrern kontinuierlich verdeutlicht werden.

Das größte Problem bei der Umsetzung aber bildet nach unseren Beobachtungen die oft fehlende Grenzziehung. Immer wieder drohen Lehrer Konsequenzen bei Nichteinhaltung der Normen an, machen sich aber selbst unglaubwürdig, wenn sie Grenzüberschreitungen überhaupt nicht oder nicht umgehend ahnden. Drohen Sie also nie Maßnahmen an, von denen Sie im Voraus schon wissen, dass Sie sie im Ernstfall nie durchführen werden. Genauso inkonsequent ist es, wenn Lehrer nach mehrfachen Drohungen ohne Konsequenzen schließlich überreagieren und auf Fehlverhalten, das sie vorher ignorierten oder mit der Phrase „Wenn du noch einmal …, dann passiert aber was!" abtaten, mit Eintrag und Nachsitzen zurückschlagen.

Woran sollen sich Schüler orientieren, wenn ihnen keine klaren und eindeutigen Vorgaben gemacht werden?

Grundvoraussetzung für eine sinnvolle Förderung des Sozialverhaltens ist aber auch ein hoher Stundenanteil des Klassenlehrers in seiner Klasse. In **sämtlichen** Schularten sollte angestrebt werden, dass der Klassenlehrer mindestens 10 Unterrichtsstunden in seiner Klasse unterrichtet. Dies ist in der Regel nur dann möglich, wenn man von der starren Fachlehrerregelung abweicht und der einzelne Kollege mit mindestens drei Fächern in seiner Klasse vertreten ist. Von den Schulleitungen wird dies immer wieder aus verschiedenen Gründen abgelehnt. Wer aber die Bedeutung der Methoden- und Sozialkompetenz für unsere Schüler eingesehen hat, sollte auch in der Lage sein, den Stellenwert der Fachkompetenz zu relativieren und auf das ihr zustehende Maß zurückzuschrauben. Klassenlehrerprinzip vor Fachlehrerprinzip!

Jedem Klassenlehrer sollte zudem ein stellvertretender Klassenlehrer zugeordnet sein. Nach unseren Vorstellungen sollte dieser Kollege mindestens zwei Fächer in der jeweiligen Klasse unterrichten. Hier ist es zudem von großer Bedeutung, dass diese beiden Lehrer gut miteinander zusammenarbeiten können, indem sie ähnliche Vorstellungen über Ziele und Regeln der Schule haben und sich auch durch Sympathie verbunden sind.

Bei der Deputatszuteilung geht es hier also nicht nur darum, dass die Stundenzahl stimmig ist, sondern dass die Zusammenarbeit zwischen den beiden Mitgliedern dieses Miniteams klappt! Erst wer Lernziele wie Kommunikations- und Kooperationsfähigkeit seinen Schülern vorleben kann, wird soziales Lernen erfolgreich vermitteln können. Dies erfordert seitens des Kollegiums zusätzliche Qualifikation und anfänglich sicher auch zusätzliche Zeit, um gemeinsam Entwicklungsperspektiven zur Umsetzung und Gestaltung des sozialen Lernens zu finden.

Denkbar ist auch, dass ein Teil dieses Unterrichts in „team-teaching" erfolgt. So ist Differenzierung und Individualisierung in hohem Maße möglich. Während ein Lehrer unterrichtet, hilft der andere einzelnen Schülern. Genauso kann die Klasse aber je nach Schwerpunkt in zwei Gruppen aufgeteilt werden, oder das Tandem unterrichtet gemeinsam. Die Arbeit im „Tandem" erfordert allerdings eine enge Absprache zwischen den beiden beteiligten Kollegen.

Fächerübergreifender Unterricht, Gestaltung von Festen und Elternabenden, Erarbeitung von Zeugnissen, Aufteilung von Unterricht und auch gegenseitige Vertretung erleichtern beiden die Arbeit.

Schüler- und Lehrergruppen

Soziales Lernen als Unterrichtsprinzip lässt sich in einer Klasse leichter umsetzen, wenn hier vom „Tandem" eine gewisse Vorreiterrolle ausgeht. In einer ersten Klassenkonferenz zu Beginn des Schuljahres wird als Jahresvorgabe dieses Unterrichtsprinzip vorgestellt. Das „Tandem" gibt Informationen über Organisationsformen, Inhalte, Methoden und Medien. Gemeinsam wird nun der Beitrag der einzelnen Fachlehrer im Rahmen des sozialen Lernens festgelegt. Ein Schwerpunkt der gemeinsamen Arbeit aller Fachlehrer im 1. Schulhalbjahr könnte z. B. das Thema „Schülerkooperation aus der Sicht der verschiedenen Unterrichtsfächer" sein.

In einer weiteren Konferenz zum 2. Halbjahr sollten weitere Informationen und ein Feedback über die Arbeit des „Tandems" und der anderen Kollegen gegeben werden. Gemeinsam werden der Schwerpunkt und der Beitrag der einzelnen Unterrichtsfächer festgelegt. Denkbar wäre hier z. B. eine vertiefende Behandlung des Themas „Toleranz".

Auch dem Gesamtkollegium werden regelmäßig Informationen gegeben. Rechtzeitig ist als Tagesordnungspunkt eine Weiterführung des Projekts in den Folgeklassen anzusprechen.

Für Lehrer bedeutet soziales Lernen also zuerst einmal, die Bildung einer

Kleingruppe aus mindestens dem Klassenlehrer und dem stellvertretenden Klassenlehrer. Daraus sollte sich das Team der „Klassen"-Lehrer, also der bisherigen Fachlehrer der Klasse, entwickeln. Wichtig dabei ist, sich auf ein Menü von Fördermöglichkeiten zu einigen, mit dem alle am Projekt Beteiligten einverstanden sind und das sie mittragen können. Auch hier ist es besser, zuerst mit kleinen Schritten zu beginnen, bei denen alle mitziehen, Lehrer sowie Schüler. Besser schließlich ein Menü, das aus kleinen Portionen zusammengesetzt ist, als ein riesiger Eintopf, der für alle schwer verdaulich ist!

Die Grundfrage: Fördert mein persönliches Handeln die Sozialkompetenz meiner Schüler?

3.3 Der soziale Verhaltenskodex für die Schule

> „Die Schule braucht ein gemeinsames Ethos als alltägliche und allgemein anerkannte Orientierungsgröße im Umgang miteinander."
>
> *Otto Speck*

Umgangsregeln

Viele Schulen nehmen es ihren Schülern ab, sich über Grundsätze des Zusammenlebens Gedanken machen zu müssen, und verteilen schon am ersten Schultag ihre Schulordnung, in der genau geregelt ist, was zu tun und was zu lassen ist. Sicher ist es undenkbar, ohne Regeln miteinander zu leben. Was aber wäre die Alternative?

Ein wichtiges pädagogisches Prinzip, das leider viel zu wenig beachtet wird, ist sich selbst zurückzunehmen. Warum soll es bei der Erstellung einer Ordnung nicht genau so möglich sein? Menschen lernen nun einmal mehr aus Fehlern als aus von anderen erstellten, manchmal nicht ganz einsehbaren Regeln.

So können gemeinsam für alle (Schüler sowie Lehrer) gültige Regeln für Verhalten und Gespräch erarbeitet werden, die die Schüler selbstverständlich laufend überprüfen und ergänzen.

Für uns alle gilt: Toleranz nicht nur fordern, sondern auch gewähren!

Aber es gilt auch, klare Grenzen aufzuweisen: Jegliche Form von Gewalt wird strikt abgelehnt.

Zuhören und reden lernen

Vom Umgang im nonverbalen Bereich gilt es nun, den Übergang zum Verbalen zu finden.

Eine wichtige und leider oft übersehene Voraussetzung dazu ist es, eine passende Sitzordnung zu finden. Wie soll man bei frontal gegliederten Bankreihen zum gemeinsamen Zuhören und Reden gelangen? Die U-Form, mit mehreren Zugängen zum „Handlungsfeld" in der Mitte, hat sich bestens bewährt. Aus ihr heraus kann man auch schnell zum Sitzkreis in der freien Mitte umstellen.

Viel schwerer als das Reden fällt oft das Zuhören. Die Entwicklung einer Gesprächskultur schafft erst die Voraussetzung für eine erfolgreiche Gestaltung unseres schulischen Zusammenlebens. Wer dem anderen zuhören kann, ist auch in der Lage, auf seine Mitschüler zuzugehen und auf sie einzugehen. Durch die Fähigkeit, seine eigenen Bedürfnisse zu artikulieren, schafft er so eine offene und positive Grundstimmung in der Klasse.

Wenn dies auch gegenüber den Lehrern gelingt, haben wir eine vernünftige Basis für ein gemeinsames Schulleben gefunden.

Klare, gemeinsam erarbeitete Gesprächsregeln sind auch hier wieder unsere Basis:

- Wer etwas zu sagen hat, meldet sich beim Gesprächsleiter (bald kaum mehr der Lehrer) zu Wort.
- Jeder hat ein Recht darauf auszureden.
- Nur dem Gesprächsleiter ist es erlaubt einzugreifen.
- Um zu zeigen, dass wir den Beitrag unseres Vorredners, auf den wir uns beziehen, verstanden haben, wiederholen wir kurz dessen wichtigste Grundgedanken.
- Kritik beziehen wir nie allgemein auf eine Person, sondern immer auf konkretes Handeln einer Person.

Diese Gesprächsregeln gelten nach Absprache nicht nur beim Klassenlehrer, sondern bei allen Lehrern!

Helfersystem auf Klassen- und Schulebene

Erster Ansatz sollte die Zusammenarbeit im Unterricht in der Kleingruppe sein. Diktate und andere Aufgaben können in Partnerarbeit erstellt oder auch korrigiert werden. Fehler, die von oder bei Mitschülern selbstständig gefunden werden, sind markanter, als wenn dies durch den Lehrer vorgegeben wird.

Auch Partnerschaft bei der Erstellung von Hausaufgaben ist eine vernünftige Vorgabe. Warum soll ein guter Matheschüler nicht einen weniger guten Mitschüler unterstützen? Vielleicht ist es in Englisch genau umgekehrt?

Wenn ein Schüler mehrere Tage krank ist, sollte, wenn es die Umstände erlauben, eine Partnerschaft für ihn einsetzen, um ihn schulisch auf dem Laufenden zu halten. Es sollte eine Selbstverständlichkeit sein, dass das Helfersystem von Anfang an für behinderte Mitschüler gilt.

Was auf Klassenebene gilt, kann auch auf die Schule ausgedehnt werden. Jeder Schüler der Eingangsstufe wählt sich einen Schüler einer höheren Partnerklasse als Mentor aus, der ihm in allen schulischen, aber auch in außerschulischen Anliegen und Problemen als Ansprechpartner dient.

Die Schulregeln

Mit der Verwendung dieses Begriffes an Stelle der traditionellen Bezeichnung „Schulordnung" wollen wir bewusst machen, dass Ordnungen oder Verordnungen von „oben" für „unten" erlassen werden, daß Regeln aber für alle am Schulleben Beteiligten gelten sollen. Von Bedeutung ist also, dass nicht eine Aufzählung von fast allumfassenden Verboten erfolgt, sondern dass genügend Freiräume für den Einzelnen, egal ob Lehrer oder Schüler, aber auch für die Regeln einer Klasse und der in ihr unterrichtenden Lehrer verbleiben.

Ein gelungenes Beispiel findet sich bei Korte (1996, S. 47 f.), der zwischen Grundsätzen und Schulregeln unterscheidet:

„Grundsätze:

1. Ältere sollten für Jüngere und Starke für Schwächere Verantwortung zeigen.
2. Meinungsverschiedenheiten sollten ohne Gewalt beigelegt werden.
3. Eigentum von Schule und Mitschülern soll geschont werden.
4. Für Sauberkeit und Ordnung in der Schule ist jeder verantwortlich."

Die Schulregeln bringen, konkret auf die einzelne Schule bezogen, schulorganisatorische Sachverhalte in kurz gefassten 12 Punkten zum Ausdruck. Als Beispiele seien genannt:

● „Es ist selbstverständlich, rechtzeitig in der Schule zu sein, jedoch nicht früher als 15 Minuten vor Unterrichtsbeginn."
● „Rauchen auf dem Schulgelände ist verboten."
● „Wer sich ungerecht behandelt fühlt, kann sich zur Klärung an seinen Klassenlehrer, Klassensprecher oder Schulleiter wenden."

Die Ergänzung dieses Schulkodexes durch in Verneinung artikulierte Kerngebote („Kein Stoßen, Schlagen, Rempeln!") geht allerdings in die falsche Richtung.

Schulkodex der Cypress Lake High School in Fort Myers, Florida, 1997

Was ist eine gute Schule?

In einer guten Schule arbeiten Schüler und Lehrer, unterstützt von den Eltern, freundlich und diszipliniert an anerkannten Zielen, die gemeinsam entwickelt worden sind. Das Schulklima ist positiv und möglichst frei von Störungen, Streitigkeiten und Unruhe. Die Schüler, die Eltern und das Lehrerkollegium sorgen gemeinsam für eine gute Schule. Der Beitrag hierzu sieht so aus:

Die Schüler

- besuchen den Unterricht regelmäßig und pünktlich,
- bringen die notwendigen Lern- und Arbeitsmittel mit,
- sind verantwortlich für die Erledigung ihrer Lernarbeit,
- sind gepflegt, sauber und ordentlich,
- beteiligen sich aktiv am Schulleben,
- achten den anderen und sein Eigentum und verhalten sich umsichtig und verantwortlich,
- beschimpfen und beleidigen sich nicht,
- halten die Schulregeln ein und versuchen sie auf vereinbarte Art und Weise weiterzuentwickeln.

Die Eltern

- achten auf den regelmäßigen Schulbesuch ihres Kindes und entschuldigen es gegebenenfalls,
- sorgen dafür, dass das Kind seine Lernarbeit ordentlich erledigen kann,
- sprechen mit den Lehrern regelmäßig über Verhalten und Leistungen,
- achten bei ihrem Kind auf Gepflegtheit, Sauberkeit und Ordentlichkeit,
- zeigen Interesse an den Schulveranstaltungen,
- sprechen mit ihrem Kind über Verhalten, Noten und Leistungsfortschritte,
- unterrichten die Schule über Probleme und Lernbeeinträchtigungen.

Die Schule

- spricht mit den Eltern über das Schulbesuchsverhalten des Schülers,
- sorgt für die notwendigen Lehrmittel,
- informiert die Eltern regelmäßig über Verhalten und Leistungen,
- bietet Beratung an, motiviert zur Ratsuche und praktiziert einen schülerzentrierten Unterricht,

- ermutigt die Schulgemeinschaft, sich an der Verbesserung der Schule zu beteiligen,
- fördert eine wirksame Schuldisziplin, die auf einer fairen und gleichen Behandlung aller beruht,
- verhält sich Schülern und Eltern gegenüber kooperativ und achtsam.

3.4 Die Unterrichtsform als soziales Lernmittel

„Wohl die direkteste Form, soziale Kompetenz unter Schülern zu entwickeln, liefern der Gruppen – und der Projektunterricht."

Fritz Bohnsack

Kooperation

Ein schwierigeres Kapitel für Lehrer als für Schüler: Wir müssen es schaffen, vom konventionellen lehrerzentrierten Unterricht zu einem schülerzentrierten Unterrichtsstil überzugehen.

Betrachten wir zuerst die derzeitige Schulwirklichkeit in der Sekundarstufe I. So sieht die „Hitparade" der von uns Lehrern verwendeten Sozialformen aus (Meyer 1989):

Frontalunterricht	77%
Einzelarbeit	10%
Gruppenunterricht	7%
Partnerarbeit	3%
Klassenkooperation	3%

Dazu kommen die tatsächlich genutzten Handlungsmuster:

Unterrichtsgespräch	49%
betreute Schülertätigkeit	11%
Stillarbeit	9%
Lehrervortrag	8%
Katechisieren (Abfragen)	7%
Schülervortrag	5%
selbstständige Schülertätigkeit	4%
Demonstration	3%
Diskussion	2%

Dies muss in Verbindung gesehen werden mit den Unterrichtszielen:

Kenntniserwerb	45,0 %
intellektuelle Fähigkeiten	47,0 %
psychomotorische Fähigkeiten	2,7 %
Förderung sozialen Verhaltens	1,5 %

Fassen wir zusammen:

Unser Unterricht ist schwerpunktmäßig lehrerzentriert, einseitig und kopflastig. Kaum jemand wird zwar vom hohen Anteil des Frontalunterrichts überrascht sein, wenn dies aber zudem in Verbindung gesehen wird mit dem Schwerpunkt des gelenkten Unterrichtsgesprächs und des Kenntniserwerbs, so bleibt von den Schlagwörtern „mit Kopf, Herz und Hand" nur noch der Kopf übrig! Dies steht im Widerspruch zu didaktischen, lernpsychologischen, motivationalen und pädagogischen Erkenntnissen. Er soll keineswegs einer völligen Verdammung des Frontalunterrichts gleichkommen. Anzustreben ist aber sicher seine deutliche Reduzierung.

Erst wenn der Lehrer selbst zur Kooperation bereit ist, kann er diese Forderung auch an seine Schüler stellen:

Richtig verstandene Kooperation bedeutet für uns Kollegen:

- Arbeitsersparnis,
- Arbeitserleichterung,
- mehr Vertrauen,
- gegenseitige Anerkennung und Wertschätzung.

Gruppenarbeit

Bei jeglicher Form der Erwachsenenbildung und der beruflichen Arbeit außerhalb der Schule ist Gruppenarbeit ein fester Bestandteil. So ist es verwunderlich, dass diese Sozialform in der Schule so wenig angewendet wird. Gruppenarbeit ist der erste Schritt um auf der Ebene der Schüler Selbstständigkeit und Kooperationsfähigkeit zu fördern. Aktivität, Arbeitstempo und Arbeitsrhythmus sowie die Methode, mit einem Stoff umzugehen, werden von den Schülern selbst bestimmt. Leistungsschwächere Schüler werden entlastet, leistungsstärkere werden gefordert, auch indem sie die anderen unterstützen. Die Schüler lernen sich besser kennen, lernen gegenseitiges Zuhören, Helfen und Aufeinandereingehen.

Beobachten Sie, dass es gar nicht einfach ist, selbstständig einen Gruppenleiter zu bestimmen, eine Gruppe zu leiten und schließlich Gruppenentscheidungen zu akzeptieren!

Ein Drittel Frontalunterricht, ein Drittel Stillarbeit, ein Drittel Partner-
und Gruppenarbeit wäre ein denkbarer Kompromiss.

Vorhaben (Projektarbeit)

Wir scheuen uns ein wenig vor der Verwendung des Wortes „Projekt", da
es allein offensichtlich schon viele Lehrer unter Erwartungsdruck setzt,
so dass sie viel zu ergebnisorientiert und lehrerzentriert an ihr Vorhaben
herangehen.
Während einer Unterrichtseinheit stoßen Schüler auf ein Teilthema, das
sie interessiert und daher weiter bearbeiten wollen. Gemeinsam wird geplant, was mit welchen Methoden erarbeitet werden soll.
Die Erarbeitung erfolgt in Gruppen. Der Lehrer ist dabei als Berater,
Partner und Lernender. Das Vorhaben kann jederzeit das Fach, von dem
man ausgegangen ist, überschreiten. Die Arbeitsweise ist ganzheitlich, mit
Kopf, Herz und Hand. Das Ergebnis wird auf jeden Fall dokumentiert,
z. B. als Wandzeitung, konkretes Produkt, Vortrag, Konzert oder Ausstel-
lung.

Delegation

Durch die Zurücknahme der Lehrerdominanz geht ein Teil der Verantwortung wie von selbst auf die Schüler über. Jeder Schüler sollte innerhalb
seiner Klasse eine gewisse Teilverantwortung als sein Amt übertragen bekommen: Tafeldienst, Kartendienst, Ordnungsdienst, … Klassendienste
sollten gleichmäßig verteilt werden, so dass jeder im Laufe eines Schuljahres einen Klassendienst eigenverantwortlich ausübt. Ob dies rollierend
oder während des ganzen Schuljahres geschieht, wird von der Klassen-
gemeinschaft beschlossen.
Wichtig ist aber, Klassendienste niemals als Strafmaßnahme zu missbrauchen.
Genauso ist in anderen Bereichen eine Rücknahme der Fremddominanz
möglich. Wo sieht der Ordnungsdienst einen Sinn in seiner Tätigkeit, wenn
nach dem Verlassen des Klassenzimmers das Reinigungspersonal dieselbe
Tätigkeit übernimmt?
Hier wäre einmal in der Woche in den Klassenzimmern eine gründliche
Reinigung durch Fachpersonal sinnvoll. Den Rest der Woche sind die
Schüler selbst für Sauberkeit zuständig.

Klassenrat

Einmal pro Woche tagt dieses Gremium um anstehende Pläne, Probleme und Konflikte zu besprechen. Hier ist Gelegenheit, Emotionen, Spannungen und Wünsche zu äußern und so Konflikte einzelner oder auch der Gruppe zu artikulieren und zu bewältigen. Tagesordnungspunkte werden im Laufe der Woche am „Schwarzen Brett" gesammelt:

● Das möchte ich geklärt haben:
● Mir gefällt:
● Mir gefällt nicht:
● Was mir sonst noch einfällt:

Schon nach kurzer Zeit sollte die Gesprächsleitung abwechselnd von Schülern übernommen werden. Ziel ist, dass jeder Schüler diese Rolle irgendwann während des Schuljahres ausgeübt hat. Lehrer sind während des Klassenrats gleichberechtigte Teilnehmer, die allerdings nicht immer bei allen Punkten anwesend sein sollten. Empfehlenswert ist es außerdem, von jedem Klassenrat ein Ergebnisprotokoll anzufertigen, welches für alle zugänglich ist (Ordner).
In manchen Klassen klappt das Prinzip der Selbstregulierung durch den Klassenrat schon nach kurzer Zeit. In anderen Klassen ist öfters noch strukturierendes und schlichtendes Eingreifen durch den Lehrer notwendig.

3.5 Soziales Lernen durch humane Kommunikation

> „Die Würde des Menschen ist unantastbar."
> Artikel 1 des Grundgesetzes

Durch Kommunikation treten Menschen miteinander in Beziehung. Wenn Menschen miteinander kommunizieren, tauschen sie Botschaften aus. Zunächst verschlüsselt der Sender seine Botschaft in sprachliche und nichtsprachliche Zeichen und teilt sie dem Empfänger auf verschiedenen Kanälen mit. Der Empfänger entschlüsselt sie und gibt dem Sender eine Rückmeldung, so dass die Kommunikation zu einem kreisförmigen Prozess wird. Selbst, wenn der Empfänger schweigt, ist dies bereits schon wieder Kommunikation. Deshalb lautet das erste Axiom der Kommunikationstheorie von Paul Watzlawick (1985): *Man kann nicht nicht kommunizieren.*
Wenn zwei Menschen miteinander Botschaften austauschen, *so hat diese Kommunikation immer einen Inhalts- und einen Beziehungsaspekt* (Watz-

lawicks zweites Axiom). Das heißt, es kommt nicht nur darauf an, was gesagt wird, sondern auch und vor allem darauf, wie etwas gesagt wird. Letzeres beherrscht die Bewertung der Botschaft. Sind die beiden Ebenen nicht kongruent, entsteht eine Kommunikationsstörung. Schulz von Thun (1986) hat das Watzlawick'sche Zweiebenenmodell zu einem Vierebenenmodell erweitert. Er unterscheidet:

- Inhaltsaspekt: Worüber ich informiere?
- Selbstoffenbarungsaspekt: Was ich von mir kundgebe?
- Beziehungsaspekt: Wie wir zueinander stehen?
- Appellaspekt: Wozu ich jemanden veranlassen möchte?

Jeder Sender sendet auf diesen Kanälen gleichzeitig. Je nachdem, mit welchen seiner vier „Ohren" der Empfänger dem Sender gerade zuhört, kann die Kommunikation einen völlig anderen Verlauf nehmen, als vom Sender beabsichtigt.

Kommunikationsstörungen verwandeln sich über kurz oder lang in Teufelskreise. *Diese schaukeln sich auf durch Interpunktion* (Watzlawicks drittes Axiom). Interpunktieren heißt, dass jeder Kommunikationspartner sein Verhalten als Reaktion auf das Fehlverhalten des anderen betrachtet.

Nach diesem Muster verlaufen die meisten menschlichen Konflikte. Jeder behauptet, der andere habe angefangen. Die Kommunikationsforschung hat nicht nur den Kommunikationsprozess analysiert, sondern auch die Struktur der kommunikativen Beziehungen (vgl. Haley 1978). Es werden drei grundlegende Beziehungsarten unterschieden:

- symmetrische Beziehung: beide Kommunikationspartner können sich zueinander gleich verhalten;
- komplementäre Beziehung: das Verhalten, das A B gegenüber zeigt, ist B nicht erlaubt;
- metakomplementäre Beziehung: ein Kommunikationspartner begibt sich in eine scheinbar untergeordnete Position, behält aber auf der Metaebene dennoch die Oberhand (Beispiel: Ein Schulleiter bietet dem Kollegium das Du an und benutzt die Beziehungslockerung zum besseren Durchsetzen von Aufträgen).

In dem dichten sozialen Beziehungsnetz einer Schule findet die tägliche Kommunikation statt. Für unser Thema sind von besonderer Bedeutung die Lehrer-Schüler-Kommunikation und die Schüler-Schüler-Kommunikation. Auf beiden Ebenen kommt es immer wieder zu Störungen, Kränkungen und Missverständnissen, die persönliche Ehrgefühle verletzen sowie das soziale Miteinander erschweren oder gar blockieren. Deshalb ist es gut, wenn in die Maßnahmen zur Verbesserung des sozialen Lernens auch gezielt das Beziehungslernen (vgl. Miller 1997) einbezogen wird. Beziehungslernen heißt, in den täglichen Begegnungen miteinander menschlich zu kommunizieren.

Lehrer-Schüler-Kommunikation

Ein Schüler verbringt während seiner Schulzeit circa 15 000 Stunden in der Schule. Während dieser langen Zeit tritt er immer wieder in Beziehung mit Lehrern. Die kommunikative Beziehung zwischen Lehrern und Schülern hat eine asymmetrische Struktur. Während der Lehrer explizit das Recht hat, Schülern Aufträge und Weisungen zu erteilen oder sie für ein Fehlverhalten zu sanktionieren, sind Schülern diese Möglichkeiten nicht gegeben. Andererseits ist diese „schiefe" Beziehung kein Willkürverhältnis. Der Schüler hat nämlich das Recht, dass der Lehrer seine Würde als Person achtet und ihn körperlich und seelisch nicht verletzt.

Obwohl viele Lehrer darum bemüht sind, der Persönlichkeit der Schüler gerecht zu werden und ihnen als Partner zu begegnen, geraten sie regelmäßig in Rollenkonflikte. Zum einen möchten sie mit dem Schüler partnerschaftlich-dialogisch zusammensein und zusammenarbeiten, zum anderen kommen sie nicht umhin, die Leistungs- und Verhaltenserwartungen der Institution Schule umzusetzen.

Beim Blick auf die tägliche Lehrer-Schüler-Kommunikation fallen dem Beobachter nicht nur Rollenkonflikte auf, sondern auch Kommunikationsstörungen. Denn wie jede menschliche Beziehung ist auch die Lehrer-Schüler-Beziehung prinzipiell störanfällig. Aus Lehrersicht werden an typischen Kommunikationsproblemen immer wieder genannt:

● Verbalaggressionen (Beschimpfung, Beleidigung, Kränkung),
● Unhöflichkeit,
● Überempfindlichkeit (Unfähigkeit Kritik zu ertragen),
● mangelnde Gesprächsbereitschaft,
● generelle Ablehnung.

Aus Schülergesprächen und aus Schülerumfragen gehen folgende Störfaktoren hervor:

● Verbalaggressionen (Killerbotschaften, Ehrverletzungen, Kränkungen),
● Bloßstellungen vor der Klasse,

- Einbahnkommunikation,
- überfordernder Leistungsdruck,
- zu starke Stofforientierung,
- ungerechtfertigte Kritik,
- ungerechte Benotung,
- Benachteiligung,
- mangelndes Einfühlungsvermögen,
- mangelnde Gesprächsbereitschaft,
- Überempfindlichkeit.

Im Sinne gemeinsamer Psychohygiene sind Lehrer und Schüler auf ein gutes Kommunikationsklima angewiesen. Dieses kann schon dadurch geschaffen werden, dass Lehrer sich um eine grundsätzlich menschliche Einstellung zum Schüler bemühen. Darunter ist zu verstehen, dass der Lehrer

- den Schüler ungeachtet seiner Schwierigkeiten als Menschen achtet,
- den Schüler aus dessen Innenwelt zu verstehen versucht (Perspektivenwechsel),
- in die Beziehung zum Schüler emotionale Wärme einbringt.

Viel kommunikationsfördernde Wirkung entsteht auch, wenn der Lehrer darauf verzichtet, seine Macht zu missbrauchen, indem er Killerbotschaften möglichst vermeidet. Unter Killerbotschaften versteht man Ehrverletzungen, Bloßstellungen, Kränkungen. Leider findet sich in Lehrerphrasen, oft auch unbewusst, immer wieder Ironie als versteckte Killerbotschaft. Jeder Kollege sollte sein Verbalverhalten kritisch hinterfragen, da Schüler diesen negativen Äußerungen selten gewachsen sind.
Kritische Konfliktsituationen erfordern vom Lehrer ein hohes Maß an Affektkontrolle, denn manche Schüler provozieren bewusst, um Spannungen abzubauen oder um Grenzen auszutesten. Statt einer Gegenaggression sollte der Lehrer dem Schüler die Tatsache der Grenzüberschreitung verdeutlichen und mit seiner ganzen Betroffenheit zurückmelden, was dieser in ihm ausgelöst hat. Schafft ein Lehrer es in einer Konfliktsituation nicht, seine Affekte zu kontrollieren und fügt er dem Schüler eine psychische Verletzung zu, tut er gut daran, sich zu entschuldigen und den Schüler um Verzeihung zu bitten. Die Gefahr, dass er dadurch seine Position schwächt, ist gering. Eher das Gegenteil wird der Fall sein. Die Schüler erleben den Lehrer als Menschen, der einen Fehler eingesteht, der den Schüler als Mitmenschen ernst nimmt und der die Kränkung wieder gutmachen möchte. Sein Verhalten kann somit auch zum Vorbild für die Lösung von Schüler-Schüler-Konflikten werden.

Da das Kommunikationsbedürfnis vieler Schüler zu Hause nicht mehr optimal befriedigt wird, ist der Lehrer bei nicht wenigen Schülern zur wichtigsten außerfamiliären Bezugsperson geworden. Obwohl der Lehrer durch die Rolle des Ersatzvaters oder der Ersatzmutter überfordert werden kann, sollte er die Gelegenheit des Schulalltags oder auch schulischer Unternehmungen (z. B. Klassenfahrt, Schullandheim) nutzen, um mit Schülern seiner Klasse Befindensgespräche zu führen. In solchen Begegnungen soll der Schüler sich Probleme von der Seele reden können. Die Aufgabe des Lehrers ist dabei die des aktiven Zuhörers. Er zeigt sich interessiert an der Innenwelt des Schülers, hört ihm konzentriert zu und fasst das emotional Wichtige in eigenen Worten zusammen. Wo nötig, gibt er ihm Ratschläge und weist auf Auswege hin. Alles in allem hilft er dem Schüler, sich selbst wirksamer zu helfen.

Parallel zum Einzelgespräch sollte den Schülern immer auch die Möglichkeit zum Klassengespräch gewährt werden. Anlässe für ein Klassengespräch können sein: gegenwärtige Schüler-Schüler-Konflikte, Arbeitsbelastungen, Unzufriedenheit mit den Unterrichtsmethoden, besondere Ereignisse, die die Schüler bewegen. Im Klassengespräch muss der Lehrer für einen geordneten Gesprächsablauf sorgen und er muss wie im Einzelgespräch das emotional Bedeutsame gut zusammenfassen. Zudem darf er nicht versäumen, Einsichten und Lösungswege aufzuzeigen.

Eine Alternative zum klassischen Klassengespräch ist die Anwendung der Moderationsmethode beziehungsweise der Kartenabfrage. Die Schüler schreiben zu einer bedeutsamen Frage ihre Meinung auf Karten (ein Stichwort pro Karte). Anschließend werden die Karten auf Stellwänden thematisch gruppiert und mit Oberbegriffen versehen. Die herauskristallisierten Schwerpunkte (z. B. Vorschläge für ein Projekt) können in einer Plenumsdiskussion weiterbearbeitet werden oder als Entscheidungsgrundlage für eine Abstimmung mit Hilfe von Klebepunkten verwendet werden.

Schüler-Schüler-Kommunikation

Obwohl sich Schüler in ihren täglichen Gesprächen viel Sachliches mitteilen (z. B. Computernews), liegt der Schwerpunkt der Kommunikationsinhalte eher im Gefühls- und Beziehungsbereich. Schüler erzählen sich Erlebnisse, Freuden, Sorgen und Ängste. Sie offenbaren in einer sehr direkten Form, was sie voneinander halten. Solche Rückmeldungen können sehr positiv sein bis hin zu Liebesbekundungen in der Zeit der Pubertät. Sie können auch sehr beleidigend, bedrohend und verletzend sein bis zur Schwelle, ab der die destruktiven Botschaften in körperliche Gewalt übergehen. In den letzten Jahren ist in verschiedenen Bestandsaufnahmen immer wieder festgestellt worden, dass die zuletzt genannte Variante der Schüler-Schüler-Kommunikation häufiger auftritt. Das heißt, dass eine Verrohung des jugendlichen Sprachverhaltens um sich greift. Diese Diagnose ist nicht falsch, sie differenziert aber zu wenig zwischen der aggressiv erscheinenden Kommunikation, die eher einen spielerisch-kontaktierenden Charakter hat, und der bösartigen Kommunikation, die dem Nächsten ganz gezielt psychischen Schaden zufügen möchte.

In den kritischen Analysen des jugendlichen Sprachverhaltens wird gleichzeitig auch konstatiert, dass ein Defizit an positiven sozial-kommunikativen Ritualen wie das Grüßen, Verabschieden, Entschuldigen, Verzeihen und höfliche Bitten und Fragen besteht.

Da die Schule auf keinen Fall voraussetzen kann, dass Schüler von zu Hause ein voll entwickeltes, positives Sozialverhalten mitbringen, muss sie sich an der Förderung des Kommunikationsverhaltens beteiligen. Zunächst bedeutet dies, dass man dort, wo Schüler Grundregeln der humanen Kommunikation verletzen, Grenzen zieht. Der Schüler, der den anderen psychisch verletzt, muss wissen, wo die Grenzen der Mitmenschlichkeit verlaufen. In solchen Situationen sollte man sich nicht davor scheuen, den Schülern zur Entschuldigung und Wiedergutmachung aufzufordern.

Diese reaktiv-grenzziehenden Maßnahmen reichen jedoch nicht aus. Wer langfristig eine positive Kommunikationskultur aufbauen möchte, kommt um die Einübung von Kommunikationsregeln nicht herum. Dorthin führen zwei Wege. Der erste Weg ist der des entdeckenden Regellernens. Dies beginnt damit, dass der Klassenlehrer die Schüler darum bittet, Regeln zu erarbeiten beziehungsweise zu nennen, nach denen eine Kommunikation wunschgemäß ablaufen soll (siehe auch Kapitel 3.2). Hierzu kann er die Methode der Kartenabfrage anwenden. Die Schüler werden aufgefordert auf Karten Erwartungen an das gemeinsame Kommunikationsverhalten zu notieren (z. B. „Ich möchte, dass ich im Gespräch nicht unterbrochen werde."). Diese Karten werden dann vorgelesen, auf einer Pinnwand befestigt und regelartig zusammengefasst. Die sich daraus ergebenden Regeln werden auf ein Poster geschrieben, das im Klassenzimmer aufgehängt wird. Die Klasse setzt sich zum Ziel, diese Regeln in den kommenden Monaten zu verwirklichen. In regelmäßigen Abständen bilanziert der Klassenlehrer in einem Klassengespräch das Kommunikationsverhalten der zurückliegenden Wochen. Darüber hinaus nimmt er auf das Regelposter Bezug, wenn aktuell Regeln gravierend verletzt worden sind.

Der zweite Weg besteht darin, dass bewährte Regelsysteme wie zum Beispiel das der Themenzentrierten Interaktion (TZI) von Ruth Cohn (1994) zum Bezugsrahmen gewählt werden, und zwar sowohl für die Lehrer-Schüler-Kommunikation als auch für die Schüler-Schüler-Kommunikation.

Die wichtigsten TZI-Regeln lauten:

1. Ich bin mein eigener Chairman. Ich bestimme selbst, was ich wann sagen will und wann ich schweigen will.
2. Störungen haben Vorrang. Ich unterbreche das Gespräch, wenn ich nicht wirklich teilnehmen kann.
3. In meinen Aussagen vertrete ich mich selbst. Ich spreche per „ich" und nicht per „wir" oder „man".
4. Ich stelle nur dann Fragen, wenn ich ein wirkliches Verlangen nach Information habe. Ich frage den anderen nicht aus.
5. Ich achte auf die Sprache des Körpers bei mir und bei anderen.
6. Ich versuche, so aufrichtig wie möglich zu sein. Am besten gehe ich einen Mittelweg zwischen undifferenzierter Offenheit und ängstlicher Anpassung.
7. Ich sehe mich und den anderen so, wie wir wirklich sind, und nicht so, wie ich uns sehen möchte.
8. Wenn ein anderes Gruppenmitglied spricht, höre ich ihm konzentriert zu.
9. Ich spreche nicht über andere Teilnehmer, sondern rede sie direkt an.
10. Ich vermeide Verallgemeinerungen und Klischees.
11. Was ich hier höre und sage, ist vertraulich.
12. Ich interpretiere den anderen nicht, sondern teile ihm mit, welche Reaktionen er bei mir ausgelöst hat.

Der dritte Weg ist das Training kommunikativer Einzelfertigkeiten in Form von Übungsbausteinen (vgl. Klippert 1995, siehe auch Kapitel 3.7). Besonders geübt werden sollten das verständnisvolle Zuhören, das Entschlüsseln von Botschaften, das Fragen, das freie Erzählen, das Vortragen, das Diskutieren, das Gruppengespräch und das Leiten von Gesprächen.

3.6 Kooperative Konfliktlösung

„Konflikte bzw. Beziehungsprobleme, welche als belastend erlebt werden, stellen oft den natürlichen Ausgangspunkt für soziales Lernen dar."
Gerd Koch

Konflikte sind in unserem Leben unvermeidbar. Sie sind daher ein wichtiger Bestandteil des sozialen Lernens.

Kooperation setzt immer Kommunikation voraus. Aber leider ist die Konfliktlösung, die in der Schule am häufigsten vorkommt, immer noch die Strafe, die letztlich immer ein Zeichen des Nichtkommunizierens ist. Weil damit in den wenigsten Fällen eine Verhaltensänderung verbunden ist, stellt sich die Frage nach Alternativen. Zwar ist die Strafe auf den ersten Blick ein zeitsparendes, leicht durchzuführendes Mittel, dafür ist es doch meist wenig erfolgreich, da die „Rückfallquote" sehr hoch ist.

Mühsamer, aber dafür erfolgreicher ist es, Konfliktgespräche in Form von Schlichterprogrammen (Mediation) zu führen und damit eine wirkliche Konfliktlösung anzustreben (vgl. Jefferys/Noack 1995).

Unter Mediation versteht man einen freiwilligen, vertraulichen Prozess, den neutrale Personen, die Mediatoren, begleiten und dabei den Beteiligten helfen, ihr Problem möglichst selbst zu lösen. Bei der Schlichtungsmethode soll keiner der Beteiligten sein Gesicht verlieren, soll es keinen Gewinner oder Verlierer geben.

Die Frage „Wer hat angefangen?" ist bei der Lösung von Problemen oft nicht hilfreich. Beide Parteien waren am Konflikt beteiligt und haben ihn weitergeführt. Die Ziele eines solchen Gesprächs sind, das eigene Fehlverhalten einzusehen, den Konflikt ernst zu nehmen, sich gegenseitig zuzuhören und die Auseinandersetzung zu beenden.

Am Konflikt Beteiligte sollten nicht die Gesprächsleitung übernehmen. Entscheidend ist, als Gesprächsleiter neutral zu bleiben. So erst können Schüler lernen, Konflikte ohne erwachsene Unterstützung zu lösen.

Wichtig ist es das für alle Parteien freiwillige Gespräch zu strukturieren, aber nicht zu dominieren. Alle Parteien haben das Recht, den Konflikt aus ihrer Sicht zu schildern.

Sinnvoll ist es, vor Gesprächsbeginn für alle verbindliche Regeln festzulegen:

● ausreden lassen,
● nicht unterbrechen,
● ehrlich sein,

- nicht beleidigen,
- keine Vorwürfe machen,
- zusammenarbeiten,
- auf eine gemeinsame Lösung hinarbeiten,
- das Besprochene vertraulich behandeln.

Besprochen werden sollte:

- Was ist vorgefallen?
- Wie kam es dazu?
- Welche Gefühle hat der Konflikt ausgelöst?
- Was wollen sie (Wünsche klären)?
- Wie geht es weiter (Lösung suchen)?

Beide Parteien schildern den Konflikt aus ihrer Sicht. Die schwächere Partei beginnt, der Gesprächsleiter fasst das Gesagte kurz zusammen, fragt zurück, ob es richtig verstanden wurde, derselbe Vorgang wiederholt sich mit der anderen Partei.

Ziel des Gesprächsleiters muss sein, eine für beide Seiten tragbare Definition zu finden.

Wichtig ist es abzuklären, wie es zum Konflikt kam und was vorher geschah. Die Parteien sollen abwechselnd zu Wort kommen. Es muss vermieden werden, dass zu streiten begonnen wird. Wenn niemand verletzt wurde, ist es nicht notwendig, die „Wahrheit" unbedingt herauszufiltern.

Den Beteiligten ist klarzumachen, dass jeder auf seine Weise die Situation subjektiv erlebt hat und dies für jeden seine „Wahrheit" ist.

Dies gilt nicht bei Verletzungen, bei denen es formalrechtlich relevant ist, alles genau zu rekonstruieren, was vorgefallen ist.

In einer Brainstorming-Phase macht man sich jetzt gemeinsam Gedanken, wie man zu einer Lösung findet. Hier sollte auch zu ausgefallenen Ideen ermuntert werden! Wenn es eindeutig Schuldige gibt, sollten diese zuerst Vorschläge machen. Vorschläge, mit denen eine der Parteien nicht einverstanden ist, werden zur Seite gelegt. So einigt man sich auf eine Lösung, die von allen Seiten getragen werden kann, aber auch ausgewogen und realistisch ist. Lieber sollte es keine Übereinkunft geben als eine unrealistische.

Bei (seelischem, körperlichem oder Sach-) Schaden auf Wiedergutmachung achten!

Die Lösung kann verbal vereinbart oder in einem schriftlichen Vertrag festgelegt werden. Der zeitliche Rahmen sollte eindeutig sein.

Nicht nur Lehrer können als Streitschlichter auftreten. Auch Schüler können zu Mediatoren herangebildet werden. Sie sprechen die gleiche Sprache. Machtgefälle, wie sie zwischen Lehrern und Schülern bestehen, spielen keine Rolle. Hier wird zusätzlich noch der positive Einfluss von Gleichaltrigen auf Gleichaltrige genutzt, da sie eben doch leichter, besonders wenn es um Verhalten und Einstellungen geht, voneinander lernen als von Erwachsenen. Schüler erleben sich so in der Rolle des Konfliktlösers anstatt wie in der Schule sonst häufig in der des Konfliktverursachers. Zu berücksichtigen ist allerdings, dass man Schüler in dieser Rolle nicht überfordert. Konflikte, bei denen Waffen, Verletzungen oder Drogen involviert waren, können nicht durch Schüler geschlichtet werden. Je jünger die Schüler sind, desto sinnvoller ist es noch, einen Erwachsenen als Co-Schlichter mit einzuschalten.

Für Schüler haben Jefferys/Noack (1995) das Wesentliche der Methode übersichtlich und klar zusammengestellt. Sie lässt sich auch gut gemeinsam mit Schülern erarbeiten:

Was ist Schlichtung?

- keine Gerichtsverhandlung,
- Konfliktlösung mit Hilfe einer neutralen Person,
- Freiwilliges Gespräch nach Regeln.

Ziele:

- Streitpunkte erkennen,
- am Konflikt arbeiten ohne „Autoritäten",
- eigene Standpunkte überdenken,
- Kompromisse finden,
- Konfliktlösungen ohne Niederlage.

Vorteile:

- weniger Aggressionen,
- weniger Strafen,
- Selbstverantwortlichkeit.

3.7 Spiele und Übungen zum sozialen Lernen

„Rollenspiel ist eines der wichtigsten Werkzeuge in der sozialen Unterweisung."
Jochen Korte

Sozialkompetenz muss sich besonders im Verhalten und in realen Situationen erweisen. Trotzdem ist es sinnvoll, soziales Verhalten in situations- und aufgabenbezogenen Spielen und Übungen anzuregen und zu fördern.

Im Rollenspiel zum Beispiel wird uns vieles bewusster. Von Anfang an sollten wir die Schüler mit dieser Methode, die sich an die ganze Person wendet, vertraut machen. Sie lernen dabei, sich in andere hineinzuversetzen, Konflikten zu begegnen und sie zu bewältigen. Spielerisch können sie alternative Situationen erproben und lernen dabei, mit den Gefühlen ihrer Mitschüler und mit ihren eigenen umzugehen. Durch einen Wechsel der Rollen werden die Spieler gezwungen, ihr Rollenverhalten zu überdenken, Verständnis für anderes Verhalten und für Anders-Sein zu entwickeln und so vielleicht zu einer anderen, fundierteren Meinung zu finden. Dabei sind immer nicht nur die Spielenden, sondern auch die Beobachter mit ihrem Empfinden des Geschehens miteinzubeziehen.

Nicht nur konstruierte Situationen, sondern auch tatsächliche Konflikte innerhalb der Klasse können im Rollenspiel direkt oder auch je nach Situation mehr oder weniger verfremdet aufgegriffen werden.

Wichtig ist auch, dass es beim Rollenspiel richtig und falsch nicht gibt und es sich unseren herkömmlichen Beurteilungsnormen entzieht.

Wer Rollenspiele durchführt, sollte nach dem Spielende die Auswertung nicht vergessen. Konkret bedeutet dies, zunächst die Spieler zu fragen, wie es ihnen in der jeweiligen Rolle ergangen ist, wie sie sich gefühlt haben, was sie sich in bestimmten Schlüsselsituationen gedacht haben oder warum sie so reagiert haben. Erst dann sollten die Zuschauer in die Analyse einbezogen werden, indem sie ihre Eindrücke und Gefühle schildern. Abschließend können gemeinsam Schlussfolgerungen für das soziale Verhalten im Alltag gezogen werden.

Im Folgenden wird eine Auswahl bewährter sozialer Lernspiele vorgestellt. Wer zusätzliche Spielesammlungen sucht, kann sich im Kapitel 4 orientieren, das ein umfangreiches Verzeichnis von Fördermaterialien enthält.

Lernziel: Toleranz

Chamäleon

Manchmal dauert die Partnersuche bei den Spielen lange. Dabei ist es so einfach Partner zu finden, z. B. mit gleichem Anfangsbuchstaben des Vornamen/Nachnamen, gleicher Augenfarbe, gleichem Geburtstag, Geburtsmonat, Geburtsquartal, gleicher Haarfarbe, Schuhgröße …

Durch häufigen Wechsel der Gruppen können so schablonenhafte, vereinfachte Meinungen über andere Personen und Gruppen bewusst gemacht werden.

Lernziel: Friedfertigkeit

Käsekuchen (nach Bort 1994)

Mit seinem eigenen Ärger umgehen zu können und das Ganze als „Käse" zu artikulieren, ist eine wichtige Voraussetzung für Friedfertigkeit.

Jeder Schüler malt auf einem großen Blatt Papier einen großen Kreis, seinen Käsekuchen. In eine Leiste am Rand schreibt er untereinander eine Liste von Situationen, die er als Käse empfindet und über die er sich zu Recht ärgert. Je nach Wichtigkeit wird diese Liste jetzt in mehr oder weniger große Kuchenstücke übertragen. In Kleingruppen wird die Kuchentheke dann diskutiert und ein Klassen-Käsekuchen erstellt.

Lernziel: Kooperationsfähigkeit

Streichholznest (nach Baer 1985)

Auf einen Flaschenhals legt jeder einer Gruppe abwechslungsweise ein Streichholz, so dass schließlich eine Art „Storchennest" entsteht. Sprechen ist nicht erlaubt, gegenseitige Hinweise, wo noch ein Streichholz hingelegt werden kann, aber schon. Streichhölzer, die herunterfallen, müssen wieder aufgelegt werden. Schafft jede Gruppe alle Hölzer?

Brief an den Lehrer (nach Vopel 1994)

„Ich möchte, dass mir jeder einen kurzen Brief schreibt, in dem ihr mir eure Sorgen, Erfolge, Wünsche und Befürchtungen mitteilen könnt. Ich werde euch eure Briefe mit meiner Antwort umgehend wieder zurückgeben."

Machen Sie diese Aktion öfters, vermeiden sie aber typisches Lehrerverhalten, nämlich Fehler jeder Art zu korrigieren oder zu verbessern …

Haus – Baum – Hund

Paarweise wird ohne miteinander zu sprechen und mit geschlossenen Augen gemeinsam ein Stift in die Hand genommen. Gemeinsam wird ein Haus, ein Baum und ein Hund gemalt und zudem noch als „Unterschrift" die Namen der Zeichner dazu gesetzt.
Wer kann sich am besten mit seinem Partner abstimmen, ohne den anderen zu beherrschen?

Baumstammspiel (nach Korte 1997)

Eine Gruppe von ungefähr 10 Schülern rückt an einen Platz ohne Stolperstellen (Verletzungsgefahr!) zusammen und bildet einen engen Kreis. In der Mitte steht ein Schüler, macht sich steif und lässt sich nach vorn und hinten fallen. Die Schüler im Kreis fangen ihn sanft auf und stoßen ihn in eine andere Richtung.

Verbale Führung eines „Blinden"

Einem Schüler werden die Augen verbunden. Nur mit Worten wird er durch das Klassenzimmer geführt. Als Führer muss man sich sehr genau in den „Blinden" hineinversetzen und sich sehr genau ausdrücken.

Lernziel: Konfliktfähigkeit

Ein Platz, den ich hasse (nach Vopel 1994)

Vor allem zurückhaltende Kinder tun sich mit diesem Schreibspiel relativ leicht.
Jeder von uns kann sich einen Ort oder Platz vorstellen, an dem er sich wohl fühlt und der ihm besonders gefällt. Aber sicher gibt es auch Orte, an denen man sich nicht gerne aufhält, an denen man sich unbehaglich fühlt, die man fürchtet und sogar hasst.
In diesem Schreibspiel sollen folgende Fragen beantwortet werden:
Welchen Ort vermeidet ihr am liebsten? Weshalb mögt ihr diesen Ort nicht? Was kann man dort hören, sehen oder fühlen? Wer hält sich dort auf? Haben auch andere Abneigung gegen diesen Ort? Was müsste man ändern, um diesen Platz angenehmer zu empfinden?

Gefühlsfelder (nach Bort 1994)

Die Schüler werden in Vierergruppen aufgeteilt. Jede Gruppe bekommt ein großes Blatt Papier, das in vier nummerierte Felder aufgeteilt ist. Jeder bekommt einen andersfarbigen Filzstift. Ohne dass dabei gesprochen wird, bemalt die Gruppe je drei Minuten einzeln das Feld. Dabei gelten folgende Arbeitsanweisungen:

Feld 1
Geht beim Malen aufeinander ein. Es soll ein harmonischer Eindruck entstehen.

Feld 2
Kämpft miteinander, macht euch den Platz streitig, malt einen Konflikt.

Feld 3
Grenzt euch gegeneinander ab. Jeder malt ein Minifeld für sich.

Feld 4
Jeder hat eine Idee und malt sie. Verbindet eure Ideen zu einem gemeinschaftlichen Bild.

Prioritäten (nach Bort 1994)

Oft ist es schwierig, bei bestimmten Themen oder Fragen (z. B. Gestaltung der letzten Schulwoche) einen Schwerpunkt zu setzen. Wenn schließlich 5 verschiedene Möglichkeiten (Projekttage, Sportfest, Studienfahrt, Hüttenaufenthalt, Erarbeitung eines Theaterstücks) zur Diskussion stehen, ist es Zeit für unser Spiel.

In den Kleingruppen bekommt jeder Papier und Stift, schaut sich die Möglichkeiten an und erstellt, ohne mit den anderen zu kommunizieren, seine persönliche Schwerpunktliste. Was für den einzelnen vorrangig ist, wird an oberste Stelle gesetzt.

Nun folgt die Auswertung. Platz 1 bekommt einen Punkt, Platz 2 dann 2 Punkte. Daraus wird die Kleingruppen-Wertung errechnet. Bei Punktgleichheit muss sich die Gruppe auf eine Reihenfolge einigen. Gemeinsam werden die Prioritäten der Gesamtgruppe aufgestellt.

Lernziel: soziale Sensibilität

Skulpturen bauen (nach Baer 1985)

Die Klasse wird in Vierergruppen aufgeteilt. Einer ist der Bildhauer, die anderen drei sein Material. Der Bildhauer zieht ein Regie-Kärtchen, das ihn mit seinem Thema vertraut macht, z. B. Sieg, Trauer, Begegnung nach Jahren, Verlegenheit, …

Ohne zu sprechen versucht der Bildhauer diese Anweisung in eine Skulptur oder eine Szene umzusetzen, als Material stehen ihm nur seine drei Mitspieler zur Verfügung.

Scharade

Ein Schüler spielt auf Kärtchen geschriebene Gefühle (Freude, Zufriedenheit, Trauer, Misstrauen, …) pantomimisch vor. Die übrigen erraten, was zum Ausdruck gebracht wird.

Erzählen und aktiv zuhören

In Zweiergruppen beschreibt ein Schüler 4 Minuten lang ein schönes Erlebnis, einen tollen Film, seinen Lieblingsstar, … Sein Partner zeigt ihm in den ersten zwei Minuten nonverbal, dass er sehr müde ist. In der zweiten Hälfte zeigt er, wieder ohne ein Wort zu sprechen, dass er traurig ist. Nun erfolgt ein Rollenwechsel. Der andere Schüler erzählt, während der eine Schüler nun nonverbal für jeweils 120 Sekunden Riesenfreude und dann große Aufregung zeigt.

Lernziel: Selbstbehauptung

Die folgenden Situationen sollen so gemeistert werden, dass es zu keinem Streit kommt:

Pausenbäcker

Du kaufst dir eine Brezel beim Schulbäcker und stellst beim ersten Bissen fest, dass sie von gestern ist.

Platz besetzt

Du kommst als letzter ins Klassenzimmer. Ein neuer Schüler hat deinen Stuhl eingenommen und kein weiterer ist frei.

Theaterbesuch

Auf deinem nummerierten Platz sitzt schon ein Erwachsener.

Abschreiben

Ein Mitschüler will regelmäßig von dir die Hausaufgaben abschreiben.

Radweg

Du fährst mit deinem Rad auf dem Radweg, der durch ein parkendes Fahrzeug blockiert ist. Der Fahrer sitzt im Wagen und hat das Fenster geöffnet.

Lernziel: Selbstbeherrschung

Ich-Botschaften

Viele Schüler sind sich nicht bewusst, dass sie im Konfliktfall oft keinerlei Ich-Botschaften mehr verwenden und aggressivere Du-Botschaften gebrauchen.

In Zweiergruppen sollen Du- und Ich-Botschaften geübt werden:

Situation:

Jemand geht an deinem Pult vorbei und schubst dein Mäppchen hinunter.
Du-Botschaft: „Du Penner, pass gefälligst besser auf, sonst passiert etwas!"
Ich-Botschaft: „Ich werde zornig, wenn du achtlos an meinem Pult vorbeigehst. Wenn etwas kaputt ist, bekomme ich zu Hause Ärger."

Weitere Situationen:

1. Du wartest in der Pause vor dem Brötchenstand, als sich einer vordrängt.
2. Ein Mitschüler fragt dich zum dritten Mal nach der Uhrzeit.
3. Jemand beleidigt deine Mutter.
4. Du leihst einem Mitschüler dein Mathebuch und bekommst es beschädigt zurück.
5. An der Telefonzelle vor der Schule telefoniert ein Mitschüler schon eine Ewigkeit.
6. An der Tischtennisplatte wirst du vom Spiel ausgeschlossen.

Lernziel: Kommunikationsfähigkeit

Botschaften entschlüsseln lernen (nach Miller 1995)

Botschaften können verschieden aufgenommen und aufgefasst werden:

● als Selbstmitteilung des Senders (Selbstmitteilungs-Ohr)
● als Mitteilung, wie der Sender zum Empfänger steht (Beziehungs-Ohr)
● als rein inhaltlich-sachliche Information (Sach-Ohr)
● als Appell des Senders an den Empfänger (Appell-Ohr)

Je nachdem, mit welchen seiner vier Ohren der Empfänger dem Sender gerade zuhört, kann die Kommunikation einen völlig anderen Verlauf nehmen, als vom Sender beabsichtigt.

Beispiel: Ein neuer Schüler sagt nach ein paar Tagen zu einem Mitschüler: „Ich finde euch komisch." Der Mitschüler kann das Gesagte folgendermaßen verstehen:

- mit dem Selbstmitteilung-Ohr: „Ich habe Probleme mit der Eingewöhnung."
- mit dem Beziehungs-Ohr: „Ich halte euch für unsympathisch."
- mit dem Sach-Ohr: „Auf Grund eures Verhaltens seid ihr tatsächlich so."
- mit dem Appell-Ohr: „Nehmt mich in eure Gruppe auf!"

Viele Botschaften sind zu mehrdeutig, lassen zu viel Spielraum für Missverständnisse und gelangen ins falsche Ohr. Erschwerend kommt noch hinzu, dass Menschen hauptsächlich mit einem Ohr (z. B. mit dem Beziehungs-Ohr) hören. Jede Kritik, auch wenn sie noch so sachlich ist, führt dann zu Kommunikationsstörungen. Klären beziehungsweise beheben lassen sich solche Störungen nur, wenn der Empfänger dem Sender rückmeldet, wie er die Botschaft verstanden hat und welche Gefühle sie in ihm ausgelöst hat.

Ein Schüler sagt zu einer Mitschülerin: „Du kannst mich nicht leiden."
Wie könnte diese Botschaft in den verschiedenen Ohren aufgefasst werden?

Selbstmitteilungs-Ohr:

Beziehungs-Ohr:

Sach-Ohr:

Appell-Ohr:

Aktives Zuhören

Aktives Zuhören ist die Fähigkeit am Mitmenschen so Anteil zu nehmen, dass er sich von mir verstanden fühlt. Folgende Grundregeln sollte man sich, bevor man dies übt, beherzigen:

- Ich bin dem Gesprächspartner konzentriert zugewandt und zeige ihm dies durch meine Körperhaltung.
- Ich lasse ihn ausreden und falle ihm nicht ins Wort.
- Ich darf Verständnisfragen stellen.
- Ich versetze mich in seine Situation.
- Ich achte auf das, was ihm auf der Seele liegt, aber momentan (noch) nicht verbalisiert wird.
- Ich fasse das, was mir an seiner Schilderung emotional wichtig erscheint, in eigenen Worten zusammen.

Es werden Dreiergruppen gebildet. Ein Übungspartner übernimmt die Rolle eines Schülers, der ein ärgerliches Ereignis aus den letzten Wochen erzählt. Der andere Übungspartner spielt den Schüler, der ihm nach der oben beschriebenen Methode (ca. 5–10 Minuten) aktiv zuhört. Ziel des Gesprächs ist es, für die Lage des Erzählers Verständnis zu zeigen und ihm Gelegenheit zu geben, sein Ärgernis von der Seele zu reden. Ein dritter

Teilnehmer übernimmt die Rolle des Beobachters. Nach Abschluss des Gesprächs teilt er seinen Gesamteindruck den Übungspartnern mit, indem er das aktive Zuhörverhalten auf einer Skala einstuft, die von 1 (Ziel nicht verwirklicht) bis 10 (Ziel voll verwirklicht) reicht. Die beiden Übungspartner geben abschließend kurz wieder, wie sie sich in ihrer Rolle gefühlt haben.

Konstruktives Feedback

Feedbacks sind sowohl positive als auch negative Rückmeldungen des Empfängers an den Sender. Vor allem das negative Rückmelden birgt Gefahren in sich, beispielsweise die der persönlichen Kränkung und Verletzung (destruktives Feedback). Je konstruktiver ein Feedback ausgedrückt wird, desto eher ist der Adressat bereit es anzunehmen. Kritische Rückmeldungen sollten zuerst ein positives, dann ein negatives Feedback enthalten. Pauschalkritik ist zu vermeiden, einzelne Kritikpunkte sollten konkret genannt werden. Die Einsicht in ein Fehlverhalten wächst beim Gegenüber, wenn man ihm die Folgen verdeutlicht. Hilfreich ist auch die Kritik, die mit realistischen Änderungsvorschlägen verknüpft ist. Nicht vergessen werden darf, dass Kritik den richtigen Zeitpunkt braucht.

Gib bitte folgenden Personen ein konstruktives Feedback:

- einer Mitschülerin, die mich im Gespräch immer wieder unterbricht,
- einem Mitschüler, der alles, was ich vorschlage, abtut und herabwürdigt,
- einem Lehrer, der mich benachteiligt hat.

3.8 Soziales Lernen zusammen mit dem Elternhaus

> „Elternarbeit, so scheint es, ist immer noch ein ungeliebtes Kind der deutschen Schulpädagogik."
>
> *Jochen Korte*

Ohne Eltern geht es nicht! Da Erziehung nicht teilbar ist, sind Schule und Elternhaus auf Abstimmung und Zusammenarbeit angewiesen. Jede Art von Konzept ohne Mitberücksichtigung der Eltern wäre unvollständig und zum Scheitern verurteilt. Daher sind die Eltern von Beginn an zu informieren und mit einzubeziehen.

Wir kennen alle die Scheu der Eltern und der Lehrer, miteinander vorbehaltlos umzugehen. Beide Gruppen sollten sich als erstes eingestehen, dass es etwas ganz Normales ist, verschiedene Meinungen zu haben und es noch lange nicht bedeutet, sich wegen Meinungsverschiedenheiten zu streiten. Letztlich kommt es nicht darauf an, wer die Probleme hat, sondern wie man für sie gemeinsam eine Lösung findet.

Klassenpflegschaft

Zu Beginn des Schuljahres stellt das „Tandem" im Rahmen der Klassenpflegschaft das Konzept des sozialen Lernens als Unterrichtsprinzip vor. Der Stellenwert von Sach-, Methoden- und Sozialkompetenz muss klar und deutlich jeweils voneinander abgegrenzt werden. Gezielt wird dabei auf den sozialen Verhaltenskodex hingewiesen und mit den Eltern ein Konsens zwischen den in der Schule für Schüler und Lehrer festgelegten Regeln und dem heimlichen häuslichen Verhaltenskodex angestrebt, wobei es oft schon Unterschiede in den Ansichten der beiden Elternteile über die zu Hause gültigen ungeschriebenen Regeln gibt.

Für die Eltern ist die gemeinsame Besprechung des Schülerfragebogens zum Sozialverhalten der Klasse sehr aufschlussreich. Das Klassenprofil, das die Durchschnittswerte der Klasse zusätzlich versehen mit den Werten der Streuung aufweist, zeigt den Eltern deutlich, welche Verhaltenswerte stärker ausgeprägt sein könnten. Dies regt sicher auch dazu an, die Werte ihres Kindes im häuslichen Rahmen noch einmal gemeinsam durchzusprechen und so gemeinsame Normen für das Sozialverhalten in Elternhaus und Schule zu schaffen. Es schadet nicht, wenn den Eltern am Ende der Veranstaltung hilfreiche Hinweise zur Sozialerziehung in schriftlicher Form an die Hand gegeben werden (siehe S. 75).

Elternrundbrief

Kommunikation sollte nicht nur als Schlagwort angesehen werden und, wie es im System Schule allerdings oft geschieht, vorrangig dem Krisenmanagement dienen. So zahlt es sich aus, Eltern in regelmäßigen Abständen durch Rundbriefe über das Geschehen in der Schule zu informieren. Dies kann sowohl auf Klassen- als auch auf Schulebene geschehen. Eltern werden über wichtige Termine, pädagogische Schwerpunkte und Probleme informiert und finden vielleicht so auch mögliche Themen, die für sie beim Elternabend diskussionswürdig sind. Auch bietet es sich an, Eltern bzw. dem Elternbeirat eine feste Spalte im Elternbrief einzuräumen.

Medienpädagogische Elternabende

Eltern sind sich oft nicht sicher, welche Auswirkungen Fernsehen auf ihre Kinder hat. Sie sollten dieses am häufigsten genutzte Medium weder verteufeln noch verharmlosen. Tatsache ist, dass ein übermäßiger Konsum zu sozialen Defiziten führt. Durchschnittlich sitzen Schüler pro Tag beinahe zwei Stunden vor dem Fernseher, ein Viertel „glotzt" drei bis fünf Stunden im Tagesschnitt. Diese Zahlen belegen, wie wichtig es ist kritisch, verantwortungsbewusst und sinnvoll mit diesem Medium umzugehen. Die wirksamste Form der Medienerziehung leisten aber die Eltern selbst durch ihr Vorbild. Dies ist die zentrale Botschaft unseres Elternabends! Zu verdeutlichen ist auch, dass der Fernseher nur ein Medium unter anderen und das Fernsehen eine Freizeitbeschäftigung unter vielen ist und oft erst als Mittel der Belohnung oder der Bestrafung interessant wird. Wer Eltern konkrete Anleitungen zur familiären Medienerziehung geben möchte, kann die Tipps am Ende dieses Kapitels nutzen.

„Sozial" lernen – Planung eines Projekts mit den Eltern

- Wir bringen Menschen zusammen, die in ihrem Alltag wenig miteinander zu tun haben.
- Wir bringen gesellschaftliche Institutionen an einen Tisch.
- Wir fordern Rahmenbedingungen für Organisation und Verankerung sozialer Lernerfahrung ein.

Projekt Soziales Lernen der Diakonie Stuttgart

Bereiche wie Alten- und Pflegeheime und Krankenhäuser werden für unsere Kinder immer mehr zu Bereichen, mit denen man im „wirklichen

Leben" gar nicht oder kaum zu tun hat. Besuch und Arbeit in diesen Einrichtungen sind daher ein wichtiger Aspekt, um Empathie und Umgang mit Kranken und Behinderten nicht nur durch den Medienbereich kennenzulernen. Anzustreben ist daher, für Schüler der Oberklassen ein karitatives Praktikum einzurichten. Dies kann stundenweise nachmittags oder besser als einwöchiges Praktikum geschehen. Von Bedeutung ist hier, das Praktikum gut vorzubereiten und in der Nachbereitung die gewonnenen Eindrücke gemeinsam zu verarbeiten und einzuordnen.

Erfahrungsgemäß stuft die Mehrzahl der Eltern im Ansatz Faktenlernen und Methodenlernen wesentlich höher ein als Lernen im sozialen Bereich. Da dieses (freiwillige) Praktikum nur in Absprache und Zustimmung der Eltern stattfinden kann, ist es sozusagen ein Test, um zu überprüfen, wie gut es uns gegenüber Kollegen und vor allem Eltern gelingt, den Stellenwert des sozialen Lernens höher einzustufen als den des reinen Faktenlernens.

Tipps für Eltern zur Förderung des Sozialverhaltens

1. Leben Sie Ihren Kindern ein friedliches Verhalten vor. Vermeiden Sie Gewalt in Taten und Worten.
2. Verdeutlichen Sie Grundregeln des Miteinander wie z. B. die Beachtung der körperlichen Unversehrtheit und des Ehrgefühls. Loben Sie Ihr Kind, wenn es solche Regeln beachtet.
3. Greifen Sie nicht bei jeder kleinen Streiterei ein, aber reagieren Sie konsequent, wenn von Ihnen gesetzte Grenzen überschritten werden.
4. Üben Sie am Beispiel von Streitigkeiten friedliche Formen der Konfliktlösung ein.
5. Missbilligen Sie Vorurteile gegenüber Mitmenschen und Minderheiten.
6. Ermutigen Sie Ihr Kind, sich in andere Menschen einzufühlen und diese verstehen zu lernen.
7. Bestärken Sie Ihr Kind, wenn es auf eigene Bedürfnisse zu Gunsten der Gemeinschaft verzichtet.
8. Binden Sie Ihr Kind nicht zu sehr an die Familie, sondern fördern Sie den Kontakt mit Gleichaltrigen.
9. Übertragen Sie Ihrem Kind soziale Aufgaben (z. B. Betreuung jüngerer Geschwister).
10. Bringen Sie Ihrem Kind angemessene Formen des Gefühlsausdrucks (z. B. bei Ärger) und der Selbstbehauptung bei.

Tipps für Eltern zur Medienerziehung

1. Kinder vom Fernsehen abzuhalten, ist nicht mehr zeitgemäß. Lassen Sie Ihr Kind durchs Fenster zur Welt blicken!
2. Missbrauchen Sie den Fernseher nicht als elektronische Großmutter.
3. Das Fernsehen darf nicht den Tagesablauf einer Familie bestimmen. Es muss so eingegrenzt werden, dass genügend viel Zeit für aktivere Freizeittätigkeiten vorhanden bleibt.
4. Schulkinder sollten pro Tag nicht länger als eine Stunde und nicht später als 20.00 Uhr fernsehen.
5. Achten Sie darauf, dass Ihr Kind möglichst keine gewalthaltigen Filme sieht.
6. Je jünger ein Kind, desto wünschenswerter ist es, wenn es Filme zusammen mit Geschwistern, Freunden oder mit Ihnen anschaut.
7. Stehen Sie für ein Gespräch zur Verfügung, wenn die Gefühle Ihres Kindes von der Sendung stark berührt worden sind. Helfen Sie ihm das Gesehene zu verarbeiten und in Worte zu fassen.
8. Lassen Sie Ihr Kind nicht herumzappen. Die Entscheidung für eine Sendung muss vor dem Einschalten des Fernsehers gefallen sein.
9. Lassen Sie Ihr Kind in Programmzeitschriften Sendungen auswählen und in Absprache mit Ihnen ein Wochenprogramm zusammenstellen.
10. Bedenken Sie, dass Ihr Umgang mit Medien das Verhalten Ihres Kindes in starkem Maße beeinflusst.

3.9 Soziales Lernen durch Schülermitverantwortung

> „Schulen, die Schülern Verantwortung übertrugen, erzielten, wie unsere Befunde zeigen, sowohl im Verhalten als auch im Leistungsbereich günstigere Ergebnisse."
> *Michael Rutter*

Zu einer Schule, die Schüler zur Identifikation mit dem gemeinsamen Ganzen motivieren möchte, gehört eine aktive Schülermitverantwortung (SMV). Obwohl es schon 1918 in Bayern und in Preußen institutionalisierte Schülervertretungen gab, ist es nach wie vor schwierig, Schüler zur Mitarbeit in der SMV zu motivieren. Trotz bestehender Schulmitwirkungsgesetze hängt die Einflussmöglichkeit der Schülermitverantwortung sehr stark vom Selbstverständnis des jeweiligen Lehrerkollegiums ab. Oft wird gegen die Beteiligung von Schülern argumentiert, dass sie auf Grund ihres Alters an Entscheidungsprozessen noch nicht teilnehmen könnten, ihre Vorstellungen zu realitätsfremd wären, sie nur vorübergehend an der Schule wären und zudem der ganze Vorgang viel zu aufwendig wäre.

Viele Kollegen unterschätzen dabei, wie groß der Zusammenhang zwischen der sozialen Beziehung unter den Schülern und dem Urteil über die Schule ist. Wenn Schüler ihr Verhältnis untereinander als positiv empfinden, wird in den meisten Fällen auch die Verbindung zur Schule in besserem Licht gesehen. Die von Schülern in demokratischer Wahl bestimmten Klassensprecher spielen sicher eine gewichtige Rolle im Meinungsbildungsprozess der Schüler. Was von den Vertretern der SMV als hochrangig oder unwichtig gehandelt wird, wirkt oftmals im Denken einer Vielzahl der Schüler nach. Petillon (1987) nennt folgende Bereiche, die durch den Umgang mit Gleichaltrigen beeinflusst werden:

- Identifikation mit Wertvorstellungen,
- zukünftige psychische Gesundheit,
- Erlernen sozialer Kompetenz,
- Umgang mit aggressivem Verhalten,
- Entwicklung von Geschlechtsrollenidentität,
- Fähigkeit die anderen zu verstehen.

Uns muss klar sein, dass im Bewusstsein der Schüler ihre sozialen Alltagsnormen den Wertvorstellungen der Schule übergeordnet sind. Damit ergibt sich für die SMV ein viel höherer Stellenwert als wir Lehrer ihr wahrscheinlich zugestehen.

Umfrage zum Sozialverhalten

Ausgangspunkt einer Aktion zur Verbesserung des Sozialverhaltens, an der die SMV maßgeblich mitwirkt, kann eine Schülermeinungsumfrage sein. Hierzu dient ein Fragebogen, in dem konkret

- das Verhältnis der Schüler untereinander,
- die Beziehung zu den Lehrern,
- die Haltung zur Disziplin,
- die Möglichkeiten der Mitbestimmung,
- Veränderungswünsche

abgefragt werden (vgl. Müller 1996). Die Auswertung erbringt begründete und akzeptierte Zielperspektiven für die Arbeit der SMV. Hauptvorteil ist, dass nicht im luftleeren Raum argumentiert werden muss, sondern anhand der Befragung konkret eine Soll-Analyse erstellt wird, die dann mit Hilfe des Verbindungslehrer im Laufe des Schuljahres gemeinsam in Maßnahmen umgesetzt werden kann.

Auch für die innere Schulentwicklung ist die Einbeziehung der Schüler ein wesentlicher Beitrag, um nicht nur die berechtigten Interessen der Lehrer in die Gestaltung der Schule einfließen zu lassen.

Runder Tisch

Um die Aktivitäten der Schüler effektiv zu gestalten und auf eine breitere Basis zu stellen, sollte möglichst bald an die Einrichtung einer Schüler-Lehrer-Konferenz in Form eines Runden Tisches gedacht werden. Diese kleine Lenkungsgruppe, die paritätisch besetzt und tatsächlich um einen Tisch herum Platz finden sollte, kann die Vorschläge schon in einer frühen Phase auf Praktizierbarkeit und Akzeptanz prüfen und viele mögliche Reibungspunkte auf sachlicher und persönlicher Ebene schon im Vorfeld verhindern.

Schulregeln statt Schulordnung

Logische Fortsetzung der bisher aufgeführten SMV-Aktivitäten ist die Umsetzung der erarbeiteten Themen und die Aufnahme in die Schulregeln. Schulordnung, ein Begriff, der bisher oft als statisches und über Jahrzehnte angestaubtes Relikt gesehen wurde, entwickelt sich so zu einer dynamischen Regelsammlung, die durch Klassen und ihre Klassensprecher in der Mitverantwortung für die Schule in der SMV laufend in Zusammenarbeit mit dem Verbindungslehrer, dem Runden Tisch und der Gesamtlehrerkonferenz überprüft und bei Bedarf modifiziert wird.

Konflikt-Schlichter-Kurs

Günstig ist es, wenn allen Mitgliedern der SMV die Teilnahme an einem solchen Kurs ermöglicht wird (siehe Kapitel 3.5).

So lernen alle,

- Schlichtung als formalisiertes, nicht strafendes Verfahren kennen,
- Konflikte als Gleichgestellte klären zu können,
- Selbstregulierungskräfte der Schüler zu stärken,
- konstruktive, akzeptierte und verbindliche Lösungen zu finden.

Es ist empfehlenswert, einen Teil des Kurses als ein mehrere Tage langes Seminar durchzuführen.

78

Sicher werden hinterher nicht alle Schüler als Schlichter tätig sein, aber für alle Teilnehmer wird das Problemverständnis deutlich erhöht. Die bisherigen Erfahrungen in diesem Bereich sind so ermutigend, dass sich ein Engagement lohnt.

Planspiele

Zur Motivierung und Schulung von Schülervertretern eignen sich, z. B. für SMV-Klausurtagungen, hervorragend Planspiele (vgl. Klippert 1996). In diesem speziellen Arrangement werden Konflikte (z. B. „Ein Naturschutzgebiet ist in Gefahr") modellhaft bis zu einer Entscheidung durchgespielt. Die Schüler schlüpfen in soziale Rollen und handeln von deren Position aus. Sie argumentieren, diskutieren, verhandeln und ringen um Kompromisse. Der Umgang untereinander wird somit neu erlebt und erfahren. Vorurteile können thematisiert und vielleicht auch korrigiert werden. Soziale und kommunikative Kompetenzen werden spielerisch eingesetzt und gleichzeitig Interaktion und Teamarbeit eingeübt.

Beginnen sollte man mit kleinen und nicht zu komplexen Spielen. Wichtig ist, dass die Beteiligten über das Spiel gründlich informiert werden und Rollenkarten erhalten, auf denen die einzelnen Charaktere und Parts klar skizziert sind. Gute Erfahrungen haben wir auch damit gemacht, bei einer Verhärtung der Positionen mitten im Spiel die Rollen zu wechseln und so neue Perspektiven ins Spiel, das der Realität oft erstaunlich nahe kommt, zu bringen. Nach dem Spielende wird das Spielgeschehen gemeinsam reflektiert. Die Schüler tauschen ihre Beobachtungen, Gefühle und Erfahrungen aus. Im Planspiel erworbene Einstellungen und Fertigkeiten können ins tägliche soziale Handlungsfeld übertragen werden.

Fair-Play-Aktion

Das Zusammenleben an der Schule kann durch spezielle Maßnahmen gefördert werden, in die von Beginn an die SMV systematisch eingebunden wird. Die Constantin-Vanotti-Schule Überlingen geht diesen Weg mit beachtlichem Erfolg (vgl. Krimmer 1996).

Im Zentrum der Aktion stehen Spielregeln, die alle an der Schule Beteiligten motivieren,

- höflich im Umgang miteinander zu bleiben,
- sich gegenseitig zu respektieren,
- nicht zu kritisieren, ohne den Sachverhalt genau zu kennen,
- im Falle eines Konflikts das Gespräch zu suchen und in der Auseinandersetzung ehrlich, offen und fair zu bleiben.

Die Spielregeln werden am Schuljahresbeginn in einer zentralen Veranstaltung und in intensiver Form auf Klassenebene vermittelt und verdeutlicht. Normalerweise werden Fairplay-Probleme im Gespräch bearbeitet und gelöst. Treten Konflikte auf, die die ganze Schulgemeinde betreffen, kann die SMV zu einem Runden Tisch (siehe S. 78) einladen, an dem eine gemeinsame Lösung gesucht wird.

3.10 Soziales Lernen als Schwerpunkt der inneren Schulentwicklung

> „Die Schule ist der Motor ihrer Entwicklung."
> *Per Dalin*

Die Schule ist zahlenmäßig die größte gesellschaftliche Organisation. Als Erziehungs- und Bildungseinrichtung ist sie jedoch mehr als eine Industriefirma. Organisationsentwickelnde Maßnahmen, im Folgenden innere Schulentwicklung genannt, sind in der Schule zum erstenmal in den sechziger Jahren in breiterem Maße durchgeführt worden, und zwar in den USA. Ein Pionier war Schmuck in Oregon. Sein zentrales Ziel war, Schulen zur Selbsterneuerung zu befähigen. Er versuchte dies durch Veränderung der kollegialen Kommunikation und Kooperation zu erreichen. Den Änderungsprozess förderte er durch zurückhaltende Prozessberatung. Schmuck (1994) ist auch Herausgeber eines renommierten Handbuchs für innere Schulentwicklung.

Als zweiter Pionier ist Goodlad (1970) zu nennen, der durch seine Studie „Hinter der Schulzimmertür" bekannt wurde. Er fand heraus, dass die meisten Schulreformen der USA in den fünfziger und sechziger Jahren nicht wirkungsvoll umgesetzt werden konnten, weil sie nicht ins informelle Schulprogramm aufgenommen wurden. Sein Tätigkeitsfeld wurde die Erarbeitung von Schulprogrammen und die Vernetzung von änderungsbereiten Schulen.

Erste innere Schulentwicklungen gab es in Europa Mitte der siebziger Jahre. Sie fanden in Norwegen statt unter Leitung von Dalin, dessen Modell Institutioneller Schulentwicklungs-Prozess (ISP) genannt wird (vgl. Dalin u. a. 1995). In Deutschland liefen schulische Pilotprojekte Mitte der achtziger Jahre an. Als prominentester Pionier gilt Rolff vom Institut für Schulentwicklungsforschung der Universität Dortmund. Unter Supervision von Dalin erprobte er dessen Ansatz und begann in Zusammenarbeit mit dem Landesinstitut für Schule und Weiterbildung des Landes Nordrhein-Westfalen mit der Ausbildung von Schulentwicklungsmoderatoren.

Aus der bisherigen schulischen Entwicklungspraxis geht zum einen hervor, dass dieses aus der Privatwirtschaft stammende Konzept nicht blindlings auf die Schule übertragbar ist. Zum anderen konnte nachgewiesen werden, dass ein modifiziertes, auf die Schule zugeschnittenes OE-Modell für die Weiterentwicklung des Schulkonzeptes, für die Verbesserung der Kommunikation und Kooperation, für die Ausbildung eines pädagogischen Profils sowie für die Implementierung von Förderprogrammen von besonderem Nutzen sein kann (vgl. Keller 1997).

Ausgangs- und Ansatzpunkt einer inneren Schulentwicklung sind aktuelle Probleme einer ganz bestimmten Schule. Mit dem Ziel diese Probleme gemeinsam zu lösen, beginnt die Maßnahme. Der Impuls kann vom Kollegium selbst, von der Schulleitung oder von außen kommen. Für die Entwicklungsarbeit engagiert man normalerweise einen externen Moderator bzw. ein Moderatorenteam. Deren Aufgabe besteht primär darin, den Arbeitsprozess zu beobachten und zu begleiten, kommunikative Hilfen zu geben, Konflikte zu klären und die Änderungsmotivation zu fördern. Kurz und gut: Sie helfen der Schule, sich selbst zu erneuern.

Die ersten Arbeitsschritte konzentrieren sich auf die Analyse des Zustandes der Schule. Als Analyseinstrumente bieten sich an:

- standardisierte Fragebögen (s. Philipp 1996, Keller 1997),
- selbstkonstruierte, auf die Schule bzw. das Problem zugeschnittene Fragebögen,
- Kartenabfrage nach der Metaplanmethode,
- Gruppengespräche,
- metaphorische Methoden (z. B. die Schulsituation verbildlichen).

Am besten ist eine Kombination von quantitativen und qualitativen Verfahren. Beispielsweise eine Fragebogenuntersuchung im Vorfeld und intensive Gruppenarbeit mit Kartenabfrage und metaphorischen Analysen am „Diagnosetag".

Nun gilt es, das Analysematerial zu ordnen. Es wird bilanziert, wo die Stärken und Schwächen der Schule liegen. Dann wird überlegt, was die dringlichsten Probleme sind und welche zum Ziel gemeinsamer Änderungsarbeit gemacht werden können. Es darf nämlich nicht der Fehler begangen werden, zu viele Ziele in Angriff zu nehmen, weil die Schule über kurz oder lang in einen Zustand der Selbstüberforderung gerät und somit der Entwicklungsprozess scheitert.

Nachdem die Änderungsziele gefunden und festgelegt sind, ist es an der Zeit, die Änderungsarbeit zu planen. Konkret bedeutet dies, die Änderungsziele zu operationalisieren. Will die Schule beispielsweise das Ziel „Bessere Kommunikation und Kooperation" erreichen, bieten sich folgende Konkretisierungsmöglichkeiten an: häufigere informelle Gespräche, gegenseitige Hilfe in Problemsituationen, gemeinsame Unterrichtsplanung, fächerverbindendes Unterrichten, mehr pädagogische Konferenzen. Für solche Änderungsschritte sollte ein ausreichender Zeitraum festgelegt werden.

Nach der Verabschiedung des Änderungsprogramms beginnt die Umsetzung der vereinbarten Maßnahmen in den Schulalltag. Die Umsetzungsarbeit wird von einer Gruppe koordiniert (= Koordinationsgruppe), der vom Kollegium gewählte Lehrer und die Schulleitung angehören. Damit das Änderungsprogramm nicht aus dem Blickfeld gerät, sollte es deutlich sichtbar bleiben, und zwar im wörtlichen Sinne. Das heißt, dass man die Änderungsziele und -maßnahmen auf Poster überträgt und diese an der Wand des Lehrerzimmers befestigt. Sobald die Umsetzung startet, ziehen sich der Moderator bzw. das Moderatorenteam zurück. Sie greifen nur dann in den Prozess ein, wenn dies vom Kollegium ausdrücklich gewünscht wird. Offiziell tätig werden sie erst wieder bei den vereinbarten Zwischenbilanzen, deren zentrale Leitfragen lauten:

● Wie geht es dem Kollegium momentan?
● Welche Änderungsziele/-maßnahmen konnten umgesetzt werden?
● Was ist gelungen? Was ist weniger gut bzw. gar nicht gelungen?
● Welche Ziele/Maßnahmen können im Änderungsprogramm verbleiben?
● Welche Ziele/Maßnahmen müssen verändert werden?
● Welche Ziele/Maßnahmen sind nicht realisierbar?
● Welche Ziele/Maßnahmen müssen neu aufgenommen werden?
● Wie verläuft die Arbeitskommunikation? Wo gelingt sie gut? Wo gibt es Schwierigkeiten? Wie können diese behoben werden?
● Wo wird sonst noch Hilfe und Unterstützung benötigt?

Nach einem längeren Zeitraum, der durchaus mehrere Schuljahre umfassen kann, erfolgt die letzte Phase: die Abschlussbilanz. Jetzt wird kritisch und gründlich analysiert, ob sich die Schule tatsächlich positiv weiterentwickelt hat. Hierzu können wieder ähnliche Instrumente wie in der Diagnosephase verwendet werden. Wenn das Kollegium zum Schluss kommen sollte, dass ein neues Entwicklungsniveau erreicht worden ist, gelten die weiteren Überlegungen der Frage, wie die positiven Veränderungen stabilisiert werden können. Fällt die Bilanz negativ aus beziehungsweise sind die Ist-Soll-Diskrepanzen zu groß, sollte die Entwicklungsarbeit fortgesetzt werden.

Will ein Entwicklungsprojekt erfolgreich sein, bedarf es, so der Tenor von Wirksamkeitsanalysen, der Unterstützung durch die Schulaufsicht, der Ermutigung durch die Schulleitung, der guten Kooperation, des Engagements möglichst vieler Beteiligter und des geduldigen Arbeitens in kleinen Schritten.

Die Phasen der inneren Schulentwicklung werden im Folgenden nochmals überblicksweise dargestellt:

1. Einstiegsphase
● Artikulation eines gemeinsamen Änderungsbedürfnisses
● erste Absprachen und Planungen
● Bildung eines Vorbereitungsteams
● Kontaktaufnahme mit den Moderatoren

2. Diagnosephase
● Auswahl der Diagnoseinstrumente
● Durchführung der Untersuchungen
● Auswertung

3. Planungsphase
● Datenfeedback
● Zielklärung
● Operationalisierung und Maßnahmenplanung
● konkrete Aufgabenverteilung
● Bildung der Arbeitsgruppen und der Koordinationsgruppe

4. Verwirklichungsphase
● kontinuierliche Umsetzung der vereinbarten Maßnahmen
● Prozessbegleitung durch die Moderatoren
● Zwischenbilanzen
● Abschlussbilanz

Auf Grund unserer Erfahrungen als pädagogisch-psychologische Lehrerfortbildner möchten wir darauf hinweisen, dass innere Schulentwicklung nicht immer so zeitaufwendig, wie eben beschrieben, praktiziert werden muss. Es ist auch ein sparsameres Modell möglich, und zwar im Sinne einer kontinuierlichen schulinternen Lehrerfortbildung, wie sie von Miller (1992) beschrieben wird. Deren Ausgangspunkt ist ein auf die Bedürfnisse der Schule abgestimmter und gründlich geplanter Pädagogischer Tag, an dem das Kollegium ein pädagogisches Fördermodell wie soziales Lernen (vgl. Korte 1996) oder Lernen lernen (vgl. Keller 1996 und 1999) kennen lernt. Im weiteren Verlauf des Pädagogischen Tages werden gemeinsam Änderungsziele und Umsetzungsmöglichkeiten erarbeitet. Zu einem späteren Zeitpunkt, beispielsweise anlässlich einer Gesamtlehrerkonferenz, werden mit dem Lehrerfortbildner die Umsetzungserfahrungen reflektiert und weitere praktische Schritte geplant. Das heißt, dass eine Schule, die nicht den Weg eines intensiven Entwicklungsprojekts gehen möchte, vorhandene Fortbildungs- und Kooperationsstrukturen für die Weiterentwicklung des Schulprogramms und der Schulkultur nutzen kann.

Im Folgenden wird nun dargestellt, wie eine Schule zunächst eine Ist-Analyse des Sozialverhaltens ihrer Schüler vorgenommen, darauf aufbauend Änderungsziele und Änderungsmaßnahmen entwickelt und anschließend mit der Umsetzung des Programms begonnen hat.

Das Kollegium einer Realschule beschloss, das Sozialverhalten der Schüler systematischer und kooperativer als bisher zu fördern. Nach der Kontaktaufnahme mit einem externen Moderator und der organisatorischen Klärung des Vorhabens fand zunächst ein Pädagogischer Tag statt. Im ersten Abschnitt der Tagung wurde in Kleingruppen eine Problemsammlung vorgenommen. Die Integration der Kleingruppenergebnisse ergab folgendes Problemverhaltensbild:

- aggressives Sprachverhalten (Verbalaggressionen, Affektsprache),
- mangelndes Regelbewusstsein/Schuldbewusstsein im Bereich des unterrichtlichen Disziplinverhaltens und des sozialen Umgangs im Allgemeinen,
- häufiges Streiten, Unfähigkeit zur selbstständigen Streitschlichtung,
- Impulsivität, mangelnde Selbstkontrolle,
- Konzentrationsstörungen und Konzentrationsschwächen,
- gezielte Ablenkungsmanöver,
- verantwortungsloser Umgang mit Sachen.

Aufbauend auf dieser Bestandsaufnahme wurden wiederum in Kleingruppen Ideen zur Förderung des Sozialverhaltens entwickelt. Die auf Poster zusammengefassten Vorschläge wurden im Plenum präsentiert und zu einem aus Änderungszielen und Änderungsmaßnahmen bestehenden Entwicklungsprogramm zusammengefügt:

- Entwicklung eines sozialen Verhaltenskodexes gemeinsam mit den Klassen,
- gezielte Einübung positiven Sozialverhaltens,

- mehr Konsens hinsichtlich grundlegender Verhaltenserwartungen,
- gemeinsame Ursachenanalyse und Lösung schwieriger Konfliktfälle in der Klassenkonferenz,
- Einzelgespräche mit schwierigen Schülern nach Bedarf,
- Konzentrations- und Entspannungstraining.

Kurz vor Schuljahresende wurde ein zweiter Pädagogischer Tag durchgeführt. Dieser bestand zum einen aus einer ersten Zwischenbilanz und zum anderen aus der Vermittlung konkreter Fördermethoden (Übungen zum Sozialen Lernen und Entspannen). Die Bilanz ergab, dass erste Änderungsschritte in den Schulalltag umgesetzt worden waren, aber die Koordination und Intensität der Umsetzung noch zu wünschen übrig ließen.

Es wurde beschlossen im kommenden Schuljahr die Förderarbeit zu forcieren und kooperativer zu handhaben, und zwar vor allem auf den Klassenebenen. Für die Intensivierung und Koordinierung der Maßnahmen sollte der Klassenlehrer verantwortlich sein. Als Startmaßnahme wurde die Entwicklung eines sozialen Verhaltenskodexes in Klassen festgelegt. Außerdem wurde vereinbart, einen dritten Pädagogischen Tag zusammen mit allen Klassenelternvertretern durchzuführen, um mit dem Elternhaus einen Konsens hinsichtlich der Sozialerziehung zu finden.

Zu Beginn dieser dritten Veranstaltung wurde erneut eine Bilanzierung vorgenommen. Aus dieser ging hervor, dass die Entwicklungsarbeit positive Wirkungen zeigte. Verglichen mit der Zeit vor der inneren Schulentwicklung waren gravierende Normverletzungen zurückgegangen. Bemängelt wurden allerdings immer noch Defizite im Bereich allgemeiner sozialer Fertigkeiten.

Um diese abzubauen, wurde zusammen mit den Eltern konkrete Änderungsziele und Änderungsmaßnahmen entwickelt:

- Hilfsbereitschaft: Hausaufgabenhilfe, gemeinsame Klassenarbeitsvorbereitung, unterrichtliche Gruppenarbeit;
- Kooperationsfähigkeit: gemeinsame Planung außerunterrichtlicher Veranstaltungen, Kooperationsspiele, Partnerübungen im Sportunterricht;
- Höflichkeit: in der Schule und zu Hause positives Sozialverhalten konsequent einfordern, Einübung in aktuellen Situationen (Grüßen, Verabschieden, Entschuldigen, Bitten);
- Kommunikationsfähigkeit: in Rollenspielen Grundfertigkeiten wie das aktive Zuhören oder Ich-Botschaften üben;
- Soziale Sensibilität: am Beispiel aktueller Konflikte sich in die Innenwelt des anderen einfühlen lernen, caritative Projekte (z. B. Betreuung von Behinderten);

- Selbstbeherrschung: Platzeinteilung bei Ballspielen, Ball abspielen, Regeln von Schülern formulieren lassen, schwieriges Verhalten mit dem Selbstbeobachtungsbogen bearbeiten und verändern;
- Toleranz: Gegenpositionen vertreten, Perspektivenwechsel;
- Friedfertigkeit: Ärgergefühle anders ausdrücken lernen, klare Umgangsregeln.

Es wurde beschlossen, an diesen Zielen gemeinsam zu arbeiten, sowohl in der Schule als auch im Elternhaus. Die Klassenelternvertreter erklärten sich bereit, zusammen mit den Klassenlehrern das Änderungsprogramm vorzustellen und die Eltern zur Mitarbeit zu motivieren.

Am Ende des Schuljahres, also zwei Jahre nach Beginn der inneren Schulentwicklung, fand eine große Bilanzrunde statt, an der die Schulleitung, der externe Moderator, Lehrer sowie Eltern- und Schülervertreter teilnahmen. Zum einen war auch beim Blick in die Tagebücher augenfällig geworden, dass die sozialen Verhaltensauffälligkeiten spürbar abgenommen hatten. Zum anderen kamen alle zum Schluss, dass sich auch im breiteren Bereich der sozialen Verhaltensweisen (Kooperationsfähigkeit, Einfühlungsvermögen, Sprachverhalten, Höflichkeit) sehr positive Änderungen ereignet hatten.

Programmmuster eines Pädagogischen Tages

Soziales Lernen in der Schule

8.30 Begrüßung und Vorstellung des Programms

9.00 Das Sozialverhalten unserer Schüler: eine Ist-Analyse
(Problemsammlung in Gruppen, Ergebnisfixierung auf Postern, Präsentation und Zusammenfassung im Plenum)

10.00 Pause

10.20 Sozialerziehung und Soziales Lernen
(Erkenntnisse, Erfahrungen, Übungen)

12.00 Mittagessen

13.30 Wie kann die Sozialerziehung an unserer Schule weiterentwickelt werden?
(Ideensammlung in Gruppen, Ergebnisfixierung auf Postern)

15.15 Pause

15.45 Ergebnispräsentation, Ergebnisintegration und Zielvereinbarung im Plenum

16.45 Ende

3.11 Forderungen an die Schulpolitik

Inzwischen gibt es keinen Lehrplan mehr, in dem nicht die Sozialkompetenz neben der Methoden- und Fachkompetenz thematisiert wird. Jetzt ist es an der Zeit, dass dies auch in der Praxis intensiv umgesetzt wird. Konsequenzen daraus sind:

1. Zeugnisse

Beurteilt wird bisher schwerpunktmäßig die Fachkompetenz. Bedingt geht sicher auch die Methodenkompetenz mit in die Fachnote ein. Die sogenannten Kopfnoten (Verhalten, Mitarbeit) gehen sehr pauschal und nicht in allen Beurteilungen auf den Schüler ein. Jeder Fachlehrer sollte zusätzlich zur Fachnote einen kurzen Kommentar zur Sozialkompetenz aus der Sicht seines Faches im Zeugnis formulieren.

2. Religionsunterricht und Ethik

Da Religionsunterricht und Ethik die Fächer sind, für die das Angebot an Werten und die Sozialkompetenz eindeutig im Vordergrund stehen, sollten sie für alle Schüler Pflichtunterricht sein.

3. Stütz- und Förderunterricht

Falls die Stundentafel Stütz- und Förderunterricht ausweist, muss er neu definiert werden. Diese Stunden sollten nicht einseitig an Fächern ausgerichtet werden, sondern dem Klassenlehrer und dem stellvertretenden Klassenlehrer parallel zugewiesen werden und in den Regelunterricht integriert sein. An die Stelle eines reinen Fachunterrichts tritt nun ein Förderkurs für Lernen lernen und soziales Lernen aus der Perspektive verschiedener Unterrichtsfächer.

4. Lehrerausbildung

Die Fähigkeit des Lehrers, über soziales Lernen informiert zu werden und es zu verinnerlichen, müssen wesentlich stärker als bisher in der ersten und zweiten Phase der Lehrerbildung gefördert werden.

5. Schulentwicklung und Lehrerfortbildung

Soziales Lernen muss deutlich intensiver als bisher in der inneren Schulentwicklung sowie in der schulinternen, regionalen und zentralen Lehrerfortbildung thematisiert werden.

6. Öffnung zum sozialen Umfeld

Auch Schulen müssen aus ihrer systembedingten Isolation ausbrechen. So müssen sie gezielt zur Vernetzung und Kooperation mit Institutionen und Personen im sozialen Umfeld der Schule ermutigt werden.

4. Fördermaterialien

Badegruber, B.: Spiele zum Problemlösen. Linz 1994 (Veritas).
Die Bücher bieten jeweils 100 spielerische Übungen, die Schülern helfen, Ängste, Aggressionen, Persönlichkeitsprobleme und Beziehungsschwierigkeiten besser zu verstehen und wirksamer zu lösen (Band 1 für Kinder von 6 bis 12 Jahren; Band 2 für Kinder von 9 bis 15 Jahren).

Baer, U. u. a.: Remscheider Spielkartei. 24 Spielketten zum Sozialen Lernen. Bremen 1985 (Bezugsadresse: Ökotopia Verlag, Hafenweg 26, 48155 Münster).
Die über 200 Spiele sind für Schüler ab 8 Jahren einsetzbar. Es lassen sich soziale Fähigkeiten fördern wie die Kommunikation, die Kooperation, die Konfliktklärung, die Friedfertigkeit, das differenzierte Äußern von Gefühlen und das Helfen.

Baer, U.: 666 Spiele für jede Gruppe und alle Situationen. Seelze, 2. Aufl. 1995 (Kallmeyersche Verlagsbuchhandlung).
Die Spielesammlung umfasst 666 verständlich beschriebene Spiele. Ein Teil davon kann zum Training der Kommunikation, der Kooperation, der sozialen Sensibilität und der Vertrauensbildung verwendet werden. Des Weiteren gehören zum Programm Bewegungs-, Sport- und Aktionsspiele, Wahrnehmungsübungen und Spiele zur Förderung der Kreativität.

Bort, W./Bücken, H./Freitag-Becker, E./Hannefort, D.: Schulspielkartei. Münster 1994 (Ökotopia Verlag).
Die aus 200 Spielen bestehende Kartei folgt in ihrem Aufbau typischen Abschnitten und Problemen des Schulalltags. Wer Übungen sucht für Kennenlernphasen, für die Kommunikationsförderung, Vertretungsstunden, Spannungs- und Gewaltabbau, Feste sowie Schulfahrten und Schullandheimaufenthalte, wird hier fündig. Zielgruppe sind Schüler der Sekundarstufen I und II.

Flemming, I./Fritz, J./Kaminski, W./Müller, M.: Jede Menge Spielideen. 680 Gruppenspiele für Jugendarbeit und Schule. – CD-ROM, Windows ab Version 3.1 – Mainz 1997 (Grünewald).
Diese „Spielbank" bietet einen schnellen Zugriff auf 680 Gruppenspiele. Darin gespeichert sind auch eine große Anzahl von Spielen zum Anwärmen, Kennenlernen, affektiven Lernen, Kommunizieren, Koope-

rieren und zum Wahrnehmen. Die Suche kann man an Kriterien wie Spielart, Spielort, Spieldauer, Alter der Spieler und Gruppengröße gezielt ausrichten. Außerdem kann man jedes gefundene Spiel ausdrucken.

Großmann, C.: Projekt: Soziales Lernen. Ein Praxisbuch für den Schulalltag. Mülheim 1996 (Verlag an der Ruhr).
Das Buch umfasst 65 übungsorientierte Stundenentwürfe zum Training des Sozialverhaltens. Es handelt sich vor allem um Kommunikations- und Kooperationsübungen. Ziel ist es, die Gruppenentwicklung der Klasse Schritt für Schritt während eines Schuljahres zu fördern.

Hagedorn, O.: Konfliktlotsen. Stuttgart: Klett 1994.
Das Material dient der Ausbildung von Schülerkonfliktlotsen. Es enthält zum einen Grundinformationen und Arbeitsformulare für Lehrer, zum anderen gehören zum Programm Arbeitsbögen und Übungen für die Trainingsarbeit mit Schülern.

Hielscher, H. (Hrsg.): Du und ich – ich und wir. Konkrete Arbeitshilfen für die soziale Erziehung. Heinsberg 1987 (Agentur Dieck).
Die zahlreichen Übungen sind für Vor- und Grundschüler entwickelt worden. Übungsziele sind die Bewältigung sozialer Ängste und Aggressionen, die Vermeidung von Vorurteilen, das kooperative Arbeiten und Problemlösen sowie das Erlernen der Mitmenschlichkeit.

Jefferys, K./Noack, U.: Streiten, Vermitteln, Lösen: Das Schüler-Streit-Schlichterprogramm für die Klassen 5 bis 10. Lichtenau 1995 (AOL-Verlag).
Es handelt sich um ein übungsorientiertes Programm zum Streitschlichten für die Klassen 5 bis 10. Trainiert werden das Erkennen und Ausdrücken von Gefühlen, das Sich-Mitteilen, das aktive Zuhören, das Sich-Einfühlen, das Sich-Selbstbehaupten und das gemeinsame Lösen von Konflikten. Am Ende des Programms wird eine Anleitung zur Einrichtung von Schüler-Streit-Schlichter-Gremien gegeben.

Jokisch, W.: Steiner Spielkartei. Münster (Ökotopia Verlag).
Dieser Klassiker unter den Spielkarteien enthält 159 Spiele zu den Bereichen Kennenlernen, Wahrnehmen, Kommunikation und Kooperation, Phantasie und Gestaltung, Geschicklichkeit und Konzentration sowie Gruppendynamik. Adressaten sind Schüler ab 10 Jahren.

Korte, J.: Stundenentwürfe zur sozialen Unterweisung. Verhalten erkunden, erörtern und trainieren. Weinheim-Basel 1997 (Beltz).

Kern des Übungsprogramms für Schüler zwischen 9 und 12 Jahren sind 33 direkt umsetzbare Stundenentwürfe zur Förderung des Sozialverhaltens. Sie eignen sich zur Schulung des genauen Zuhörens, zum Umgang mit Lob und Kritik, zur angemessenen Selbstbehauptung, zum Umgang mit Provokationen, zur Kooperation, zur friedfertigen Kommunikation und zur Konfliktlösung.

Mitschka, R.: Die Klasse als Team. Ein Wegweiser zum Sozialen Lernen in der Sekundarstufe. Linz 1997 (Veritas).
Zum einen vermittelt das Buch konkrete Tipps und Hilfen zur Sozialerziehung, zum anderen bietet es auch soziale Lernübungen an. Übungsthemen sind die Selbstwahrnehmung, das aktive Zuhören, das Empfangen und Geben von Feedbacks, die konstruktive Konfliktbearbeitung, die Gruppenentwicklung und die Zusammenarbeit.

Petermann, F./Jugert, G./Tänzer, U./Verbeck, D.: Sozialtraining in der Schule. Weinheim 1997 (Psychologie Verlags Union).
Das Training verfolgt das Ziel, soziale Fähigkeiten zu fördern und sozialen Verhaltensauffälligkeiten vorzubeugen. Der Programmteil besteht aus 10 direkt umsetzbaren Trainingssitzungen für Schüler der Klassen 3 bis 6. Gefördert werden sollen vor allem die soziale Wahrnehmung, das Erkennen und Benennen von Gefühlen, die Kooperationsfähigkeit und das Einfühlungsvermögen.

Portmann, R.: Spiele zum Umgang mit Aggressionen. München 1995 (Don Bosco).
Das Buch umfasst 150 Interaktionsspiele und Übungen. Übungsziel ist die konstruktive Bewältigung von Wut, Streit und Aggressionen.

Vopel, K. W.: Interaktionsspiele für Kinder. Band 1–4. Salzhausen, 6. Auflage 1994 (Iskopress).
Schwerpunkte dieser Interaktionsspiele für 8- bis 12-Jährige sind die Bereiche Kontakt, Wahrnehmung, Identität (Band 1); Gefühle, Familie und Freunde (Band 2); Kommunikation, Körper, Vertrauen (Band 3); Schule, Feedback, Einfluss, Kooperation (Band 4). Sie fördern die Kinder in ihrer Sozial- und Persönlichkeitsentwicklung und geben ihnen Gelegenheit, bereits vorhandene Einsichten, Fähigkeiten und Fertigkeiten zu prüfen und weiterzuentwickeln.

Vopel, K. W.: Interaktionsspiele für Jugendliche. Band 1–4. Salzhausen, 5. Aufl. 1994 (Iskopress).
Schwerpunkte dieser Interaktionsspiele für 12- bis 21-Jährige sind die

Bereiche Werte, Ziele, Interessen, Schule und Lernen, Arbeit und Freizeit (Band 1); Körper, Identität, Fähigkeiten und Stärken (Band 2); Ablösung aus der Kindheitsfamilie, Liebe und Freundschaft, Sexualität (Band 3); Lebensplanung, Probleme lösen, Kooperation (Band 4). Die Übungen helfen Jugendlichen bei der Bestimmung ihres Standortes und bei der Lösung phasentypischer Entwicklungsprobleme.

Walker, J.: Gewaltfreier Umgang mit Konflikten in der Grundschule. Frankfurt/Main 1995 (Cornelsen Scriptor).

Walker, J.: Gewaltfreier Umgang mit Konflikten in der Sekundarstufe I. Frankfurt/Main 1995 (Cornelsen Scriptor).

Im Mittelpunkt der beiden Bücher stehen Spiele und Übungen zum Kennenlernen und Auflockern, zur Förderung des Selbstwertgefühls, zur Kommunikation und Kooperation, zur geschlechtsbezogenen Interaktion sowie zur gewaltfreien Konfliktaustragung.

5. Literatur

Baer, U.: Remscheider Spielkartei. Bremen 1985.

Bandura, A.: Aggression: Eine sozial-lerntheoretische Analyse, Stuttgart 1979, Klett-Cotta.

Bernstein, D. A./Borkovec, T. D.: Entspannungs-Training. Handbuch der progressiven Muskelentspannung. München, 5. Aufl. 1990 (Pfeiffer).

Bohnsack, F./Leber, S. (Hrsg.): Sozial-Erziehung im Sozial-Verfall. Grundlagen, Kontroversen, Wege. Weinheim-Basel 1996 (Beltz).

Bohnsack, F.: Soziales Lernen als Weg zu einer Sozialkultur der Schule. In: Bohnsack, F./Leber, S. (Hrsg.): Sozial-Erziehung im Sozial-Verfall. Weinheim-Basel 1996 (Beltz).

Bründel, H./Hurrelmann, K.: Gewalt macht Schule. Wie gehen wir mit aggressiven Kindern um? München 1994 (Droemer Knaur).

Bussmann, K. D./Horn, W.: Elternstrafen – Lehrerstrafen. In: Strafe muß sein? Hrsg von J. Bastian. Weinheim-Basel 1995 (Beltz).

Cohn, R.: Von der Psychoanalyse zur themenzentrierten Interaktion. Stuttgart, 12. Aufl. 1994 (Klett-Cotta).

Dalin, P./Rolff, H.-G./Buchen, H.: Institutioneller Schulentwicklungs-Prozess. Bönen, 2. Aufl. 1995 (Kettler).

Dettenborn, H.: Gewalt aus der Sicht der Schüler. In: Pädagogik. 3, 1993, S. 31–33.

Dietrich, G.: Bildungswirkungen des Gruppenunterrichts. München, 2. Aufl. 1971.

Eimeren, B. van./Maier-Lesch, B.: Mediennutzung und Freizeitgestaltung von Jugendlichen. In: Mediaperspektiven 11, 1997, S. 590–603.

Fölling-Albers, M.: Schulkinder heute, Weinheim-Basel 1992 (Beltz).

Friedrich, S./Friebel, V.: Entspannung für Kinder. Reinbek 1989 (Rowohlt).

Funk, W. (Hrsg.): Nürnberger Schüler-Studie 1994: Gewalt an Schulen. Regensburg 1995 (Roderer).

Goodlad, J. I./Klein, F. M.: Behind the Classroom Door. Washington 1970 (Charles A. Jones Publishing Company).

Greszik, B./Hering, F./Euler, H: Gewalt in den Schulen. Ergebnisse einer Befragung in Kassel. In: Zeitschrift für Pädagogik, 1995, S. 265–284.

Großmann, C.: Projekt: Soziales Lernen. Mülheim 1996 (Verlag an der Ruhr).

Guggenbühl, A.: Die unheimliche Faszination der Gewalt. Denkanstöße zum Umgang mit Aggression und Brutalität unter Kindern. Zürich, 2. Aufl. 1993 (Schweizer Spiegel Verlag).

Haley, J.: Gemeinsamer Nenner Interaktion. München 1978 (Pfeiffer).

Harris, C./Bean, R.: Ohne Regeln geht es nicht. Konsequent bleiben in der Erziehung. Reinbek bei Hamburg 1995 (Rowohlt).

Herwig, G./Hold-Jagoda, R.: In guten Zeiten anfangen. Elternhaus und Schule arbeiten in der Gewaltprävention zusammen. In: Schüler 1995: Gewaltlösungen. Seelze 1995 (Friedrich).

Höhn, E./Seidel, G.: Das Soziogramm. Die Erfassung von Gruppenstrukturen. Göttingen, 4. Aufl. 1976 (Hogrefe).

Hurrelmann, K./Freitag, M.: Gewalt an Schulen. In erster Linie ein Jungen-Problem. Forschungsbericht. Bielefeld 1993.

Jefferys, K./Noack, U.: Streiten, Vermitteln, Lösen: Das Schüler-Streit-Schlichter-Programm für die Klassen 5 bis 10. Lichtenau 1995 (AOL).

Keller, G.: Das Klagelied vom schlechten Schüler. Eine aufschlussreiche Geschichte der Schulprobleme. Heidelberg 1989 (Asanger).

Keller, G.: Lehrer helfen lernen. Lernförderung, Lernhilfe, Lernberatung. Donauwörth, 5. Aufl. 1999 (Auer Verlag).

Keller, G./Thewalt, B.: Praktische Schulpsychologie. Vorbeugung und erste Hilfe im Schulalltag. Heidelberg, 2. Aufl. 1993 (Asanger).

Keller, G.: Lernen, Denken, Entspannen. Donauwörth 1996 (Auer Verlag).

Keller, G.: Wir entwickeln unsere Schule weiter. Praxisleitfaden zur Inneren Schulentwicklung. Donauwörth 1997 (Auer Verlag).

Klippert, H.: Planspiele. Weinheim-Basel, 2. Aufl. 1999 (Beltz).

Kohlberg, L: Die Psychologie der Moralentwicklung. Frankfurt 1996 (Suhrkamp).

Korte, J.: Faustrecht auf dem Schulhof. Über den Umgang mit aggressivem Verhalten in der Schule. Weinheim-Basel 1992 (Beltz).

Korte, J.: Lernziel Friedfertigkeit. Vorschläge zur Gewaltreduktion an Schulen. Weinheim-Basel 1994 (Beltz).

Korte, J.: Sozialverhalten ändern! Aber wie? Ideen und Vorschläge zur Förderung sozialen Verhaltens an Schulen. Weinheim-Basel 1996 (Beltz).

Korte, J.: Stundenentwürfe zur sozialen Unterweisung. Weinheim-Basel 1997 (Beltz).

Krimmer, G.: Die Constantin-Vanotti-Schule Überlingen. Schulgrundsätze, Schulmarketing und Schulmanagement. In: Schulintern 1, 1996, S. 6–8.

Lehmkuhl, G./Döpfner, M.: Aggressivität und Dissozialität bei Kindern und Jugendlichen. Brigitte 24, 1996, S. 110–126.

Memmert, W.: Die Führung einer Schulklasse. Disziplinschwierigkeiten müssen nicht sein. München, 3. Aufl. 1988 (Prögel).

Meyer, H.: Unterrichtsmethoden aus Schülersicht. In: Schule auf dem Weg ins 21. Jahrhundert. Hrsg von H. Wenzel. Weinheim-Basel 1989 (Beltz).

Miller, R.: Schilf-Wanderung. Wegweiser für die praktische Arbeit in der schulinternen Lehrerfortbildung. Weinheim-Basel, 3. Aufl. 1992 (Beltz).

Miller, R.: „Das ist ja wieder typisch": Kommunikation und Dialog in Schule und Schulverwaltung. 25 Trainingsbausteine. Weinheim-Basel 1995 (Beltz).

Miller, R.: Beziehungsdidaktik. Weinheim-Basel 1997 (Beltz).

Mitschka, R.: Die Klasse als Team. Ein Wegweiser zum Sozialen Lernen in der Sekundarstufe. Linz 1997 (Veritas).

Müller, E.: Hilfe gegen Schulstress. Übungsanleitung zu Autogenem Training, Atemgymnastik und Meditation für Kinder und Jugendliche. Reinbek 1984 (Rowohlt).

Müller, E.: Auf der Silberlichtstraße des Mondes. Autogenes Training mit Märchen zum Entspannen und Träumen. Frankfurt 1985 (Fischer).

Müller, S.: Schulentwicklung und Schülerpartizipation. Neuwied–Kriftel–Berlin 1996 (Luchterhand).

Mussen, P. H./Conger, J. J./Kagan, J./Huston, A. C.: Lehrbuch der Kinderpsychologie. Bd. 1 u. 2. Stuttgart 1993 (Klett-Cotta).

Oelkers, J./Prior, H.: Soziales Lernen in der Schule. Königstein 1982 (Scriptor).

Oerter, R./Montada, L. (Hrsg.): Entwicklungspsychologie. Weinheim 1995 (Psychologie Verlags Union).

Olweus, D.: Gewalt in der Schule. Was Lehrer und Eltern wissen sollten – und tun können. Bern 1995 (Huber).

Perelman, L.: School's out. New York 1993 (Avon).

Peter, B./Gerl, W.: Entspannung. Muskelentspannung, Autogenes Training und Meditation. München, 2. Aufl. 1983 (Goldmann).

Petillon, H.: Soziale Beziehungen in Schulklassen. Weinheim-Basel 1980 (Beltz).

Petillon, H.: Rekonstruktion der Schule aus der Perspektive von Kindern und Jugendlichen. Darmstadt 1987 (Wissenschaftliche Buchgesellschaft).

Petillon, H.: Soziales Lernen in der Grundschule. Anspruch und Wirklichkeit. Frankfurt/ Main 1993 (Diesterweg).

Philipp, E.: Gute Schulen verwirklichen. Weinheim-Basel, 4. Aufl. 1996 (Beltz).

Rogge, J. U.: Kinder können fernsehen. Vom sinnvollen Umgang mit Medien. Reinbek 1990 (Rowohlt).

Rolff, H. G.: Wandel durch Selbstorganisation. Theoretische Grundlagen und praktische Hinweise für eine bessere Schule. Weinheim-München 1993 (Juventa).

Rutter, M./Maughan, B./Mortimer, P./Ouston, J.: Fünfzehntausend Stunden – Schulen und ihre Wirkungen auf Kinder. Weinheim–Basel 1980 (Beltz).

Schmuck, R. A./Runkel, P. J.: The Handbook of Development in Schools and Colleges. Prospect Heights, 4. Aufl. 1994 (Waveland Press).

Schubarth, W./Kolbe, F. U./Willems, H. (Hrsg.): Gewalt an Schulen. Ausmaß, Bedingungen und Prävention. Opladen 1996 (Leske und Budrich).

Schultz, I. H.: Das Autogene Training. Konzentrative Selbstentspannung. Stuttgart, 19. Aufl. 1991 (Thieme).

Schulz von Thun, F.: Miteinander reden: Störungen und Klärungen. Psychologie der zwischenmenschlichen Kommunikation. Reinbek 1986 (Rowohlt).

Schümer, G: Berufsausübung von Lehrerinnen und Lehrern. In: Zeitschrift für Pädagogik 1992, S. 673.

Schwind, H. D.: Gewalt in der Schule – am Beispiel von Bochum. Mainz 1995 (Weißer Ring).

Sikorski, P. B./Thiel, R. D.: Gewalt an Schulen. Ergebnisse einer Befragung von Schulleitern in Baden-Württemberg zur Gewaltentwicklung und zu möglichen Interventionsmaßnahmen. Stuttgart 1995 (Landesinstitut für Erziehung und Unterricht).

Silbereisen, R. K./Vaskovics, L. A./Zinnecker, J. (Hrsg.): Jungsein in Deutschland. Jugendliche und junge Erwachsene 1991 und 1996. Opladen 1996 (Leske und Budrich).

Stanford, G.: Gruppenentwicklung im Klassenraum und anderswo. Praktische Anleitung für Lehrer und Erzieher. Braunschweig 1980 (Westermann).

Speck, O.: Erziehung und Achtung vor dem Anderen. Zur moralischen Dimension der Erziehung. München-Basel 1996 (Reinhardt).

Vopel, K. W.: Interaktionsspiele für Kinder. Bd. 1–4. Salzhausen, 6. Aufl. 1994 (Iskopress).

Vopel, K. W.: Interaktionsspiele für Jugendliche. Bd. 1–4. Salzhausen, 5. Aufl. 1994 (Iskopress).

Walker, J.: Gewaltfreier Umgang mit Konflikten. Grundlagen und didaktisches Konzept. Spiele und Übungen für die Klassen 1–4. Frankfurt/ Main 1995 (Cornelsen Scriptor).

Walker, J.: Gewaltfreier Umgang mit Konflikten in der Sekundarstufe I. Frankfurt/ Main 1996 (Cornelsen Scriptor).

Watzlawick, P./Beavin, J. H./Jackson, D. D.: Menschliche Kommunikation. Bern, 7. Aufl. 1985 (Huber).

Zahn-Waxler, C./Radke-Yarrow, M./King, R. A.: Child Rearing and Children's Pro-Social Initiation towards Victims of Distress. In: Child Development 50, 1979, S. 319–330.

Praktische Hilfe für den Schulalltag

Hennig, Claudius/Keller, Gustav

Lehrer lösen Schulprobleme

Lernförderung – Verhaltenssteuerung – Gesprächsführung

152 Seiten, kart.　　　　Best.-Nr. **2140**

Lern- und Verhaltensprobleme der Schüler kosten den Lehrer viel Energie und Nerven. Dieser Leitfaden, in langjähriger Schularbeit entwickelt, bietet praxisnahe und lösungsorientierte Handlungsweisen. Eine wirkliche Hilfe!

Keller, Gustav

Lehrer helfen lernen

Lernförderung – Lernhilfe – Lernberatung

136 Seiten, kart.　　　　Best.-Nr. **1700**

Eine praxisorientierte Anleitung mit vielen erprobten Übungen.

Keller, Gustav

Motivationsstörungen im Schulalter

Formen – Ursachen – Förderung

72 Seiten, kart.　　　　Best.-Nr. **2541**

Praktische Motivationstipps für Lehrer, Eltern und Schüler.

Hennig, Claudius/Keller, Gustav

Anti-Stress-Programm für Lehrer

Erscheinungsbild, Ursachen, Bewältigung von Berufsstress

104 Seiten, kart.　　　　Best.-Nr. **2646**

Ein praxisorientiertes Selbsthilfeprogramm für LehrerInnen. Es soll helfen, das Erscheinungsbild von Burnout und Stress zu erkennen, die Ursachen zu ergründen und Techniken der Überwindung zu erlernen.